小学生就要懂的哲学①

比那些只会学习的“书呆子”爱思考

子どもテツガク

[日]小川仁志 著

梁玥 译

浙江教育出版社·杭州

你拥有哲学思考力吗？

扫码激活这本书
获取你的专属福利

- 哲学同外貌、运动能力、亲和力这几点全都有关系，运用哲学的思考方式会让你在外貌、运动能力和亲和力等方面都有所提升，这是真的吗？（　）

  A. 真

  B. 假

扫码获取全部测试题及答案
看看你是否拥有哲学思考力

- 在哲学范畴内，无论什么样的问题，都不可能只有一个答案，这是对的吗？（　）

  A. 对

  B. 错

- 掌握哲学的思考方式有利于我们在未来的事业上取得成功，这是因为：（　）

  A. 读了很多艰深晦涩的书，琢磨了很多难懂的词义

  B. 学会质疑那些看似理所当然的事

  C. 哲学教给了我们很多工作的技能和技巧

  D. 哲学让人更好地接受世界原本的样子

扫描左侧二维码查看本书更多测试题

湛庐CHEERS

HERE COMES EVERYBODY

与最聪明的人共同进化

推荐序

学会提问很重要

梅剑华
山西大学哲学社会学学院教授

回顾近现代科学史，西方走在了我们前面，但我们还是有杨振宁、屠呦呦这样蜚声海内外的科学家，然而在近现代哲学史上，我们还没有产生名震中外的哲学家。

想要成为哲学家，学会提问是第一步。提问是思考的起点，探索哲学之路往往伴随着对各类事物本质的思考。

儿童是天生的哲学家，“什么是世界？”“我是谁？”“我从哪里来？”这些问题都可归类于哲学范畴。儿童对这个世界充满好奇，因此，引导儿童去寻找答案，探索生命的奥秘，有利于帮助他们找到认识世界的窗口，养成热爱思考的习惯。

小川仁志的《小学生就要懂的哲学》，经过了日本的教育实践检验并脱颖而出。全书设计了 86 个哲学问题，通过提问和各种尝试性回答，启发儿童提问和思考。这些问题本身都来自生活，例如“羡慕别人时，我们应该怎样做？”“为什么比起学习，我更喜欢玩耍？”等，引导儿童对这些日常生活中的问题进行深入思考。我想这就是此书相比其他儿童哲学读物的最大特点。

引导儿童了解哲学，启迪思维，是当前教育的一个新方向。少年强则国强，当我们的少年越来越爱提问，越来越爱思考，未来的中国一定会充满思想活力、充满希望。

训练儿童的哲学思维，不是一定要让他们成为哲学家，而是通过思维练习，让孩子建立自己的认知思维系统，学会思考，因为他们只有经过思考，才能质疑、沟通、理解、创造。日后才能在各自擅长的领域里做出贡献。我想这也正是出版此书的初衷。

我期盼小读者们好好阅读这本《小学生就要懂的哲学》，学到哲学思维的“九阳真经”。

如果你想学会提问，成为善于思考的人，那就翻开此书开始哲学之旅吧。哲学是让抽象的概念变得具体的学问，在不停的提问与思考之中，我们才能获得思想的进步，才能探索未知的领域，才能在人类的不断演化中，创造更多的“奇迹”。

梅剑华

2023 年 2 月 13 日于清华大学拾年咖啡厅

写给家长

孩子为什么需要哲学启蒙

哲学就是

进行深度思考的方法。

只要具备深度思考能力，所有难题都能迎刃而解！

重要的是

让孩子从小养成深度思考的习惯。

趁现在，培养孩子的哲学思考力！

过去，我们的学习方法以死记硬背为主，只要全都背下来，就算不动脑子也能取得不错的成绩。如果社会发展缓慢，就算我们一直保持这样的学习方式，步入社会工作后，也不会出什么大问题。

然而，现在的我们处于一个多变的时代。昨天我们还深信不疑的理念，很可能今天就变得截然不同。在当今这个时代，对于课本上没教的内容，我们必须学会通过合适的方式自己去探索，独立寻求答案。如果我们只会按部就班地做事，遇到新的问题就一筹莫展，那往后的人生，就有些令人担忧了。

质疑能力是我们在直面问题、解决问题时必须具备的。无论什么样的问题，都不可能只有一个答案。别人说一个事物是什么样的，我们就认为它是什么样的，这样人云亦云可不行。尝试自己去思考这个事物的各个方面是什么样的，这才是哲学的深度思考能力。

如果我们等到长大成人再去培养这种深度思考能力，那就很困难了，自小学起就养成深度思考的习惯，这一点很重要。

从现在开始哲学的启蒙

青春期的烦恼

烦躁

不安

原来如此！

这样来思考！！

找工作的痛苦

突破

太棒了！！

步入社会开始工作后的辛苦

训斥

训斥

训斥

训斥

不合格

直到——永远

嘻嘻

无论遇到
什么问题，
我都有能力
解决它！

写给孩子

为什么提问比回答更重要

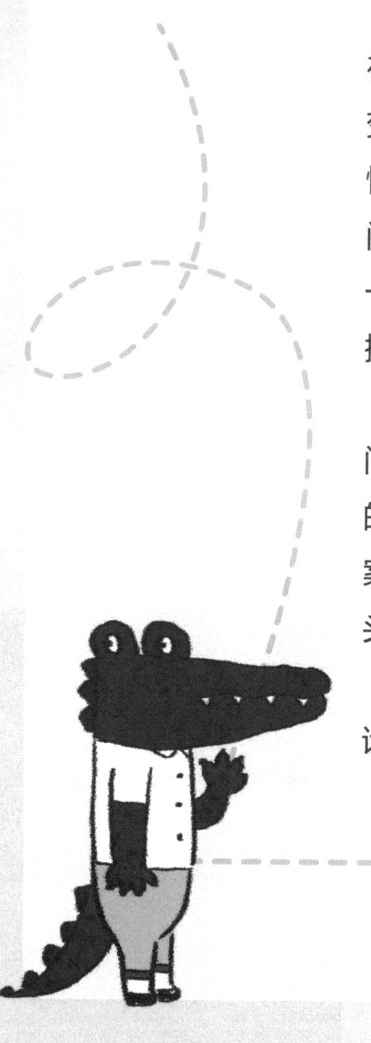

小朋友，你爱思考吗？即使你现在不爱思考也没关系，因为哲学会改变这一点。对啦，我写的这本稀奇古怪的书就是讲哲学的。虽然哲学也是门学问，但它有一点和其他的学问不一样，那就是与回答相比，它更重视提问。

所以，在本书中我准备了 86 个问题，尽管每个问题我都写出了自己的答案，但我还是想听听大家的答案。看完这本书，你可能会有种被从头问到尾的感觉。

不过，正因为如此才证明了，无论什么样的问题，都不存在绝对正确的回答。我们只能给出当下自己认为最好的答案。环境变了，答案也会随之改变。因此我们必须不断思考。

是的，提问之所以重要，是因为它会促使我们思考。哲学的任务就是帮助我们进行思考。总之，哲学是一门动脑子的学问，仅仅教授答案是没有意义的。这也就是我所说的“提问比回答更重要”的含义。

因此，我们必须提出能使对方陷入思考的问题。伟大的古希腊哲学家苏格拉底就是这样踏入哲学世界的。

通过提问来进行思考，这是真正的哲学。我希望大家读完这本书，能学习到真正的哲学思考力，并成为善于思考的人。

小川仁志

导读 1

独立阅读方法

本书中有 86 个问题，请你独立思考，想出自己的答案。在哲学中，答案不是最重要的，思考答案的过程才是最重要的。

【每 4 页思考和解答一个问题】

前两页提出问题并给出思考提示，后两页给出我的回答以及我得出答案的思考方式。

前两页（初阶）

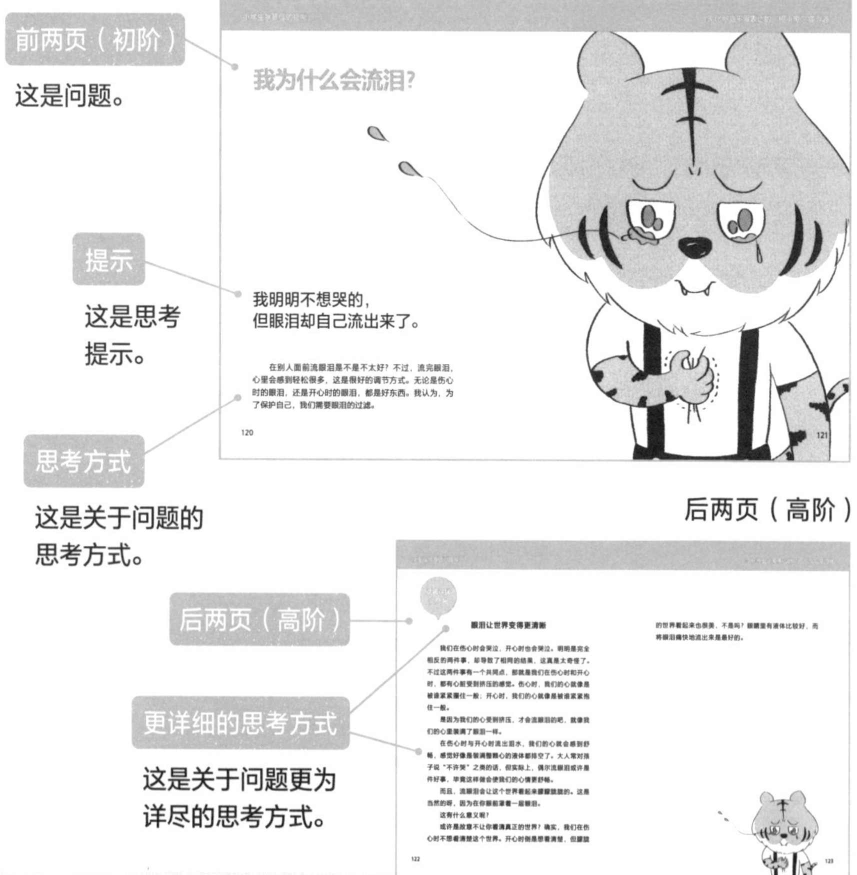

写给与我一同遨游哲学世界的你

哲学就是进行深度思考。学会深度思考能够改变未来的你。
因此，我希望你不畏艰难、不怕麻烦，尝试挑战自己。

★出现难以理解的词语时，去查阅一下相关资料吧

养成调查研究的好习惯，这对你今后的人生很有帮助。

★对于每个问题都要多多思考

读完问题之后，请你立刻进行思考，给出自己的答案。

读过前两页给的提示后，请你再次进行思考。我想答案不止一个，所以这次你可能会得出不同的答案。后两页上写有更详细的思考方式，但或许它也和你思考的不一样。你可以将它当作诸多思考方式中的一种，用来参考。

★不像 1+1=2 那样，这些问题我们无法给出明确的答案

或许读完了这本书，你依然感到像一团乱麻，每个问题的答案都不明晰。这没关系！这团乱麻正让你心中思考的种子生根发芽。

我坚信，随着你年级的上升，阅读本书的经验将会为你提供更多帮助。

在长大成人后，你将会成为一个更了不起的你。

写给家长们

在下一页，我将向您介绍应该如何利用本书，使其发挥出最大作用。为了便于您更好地理解，我用亲子间的对话作示例，希望您在实际沟通时，也能这样引导孩子。

导读 2

亲子共读方法

我为什么会流泪？

我明明不想哭的，
但眼泪却自己流出来了。

120

121

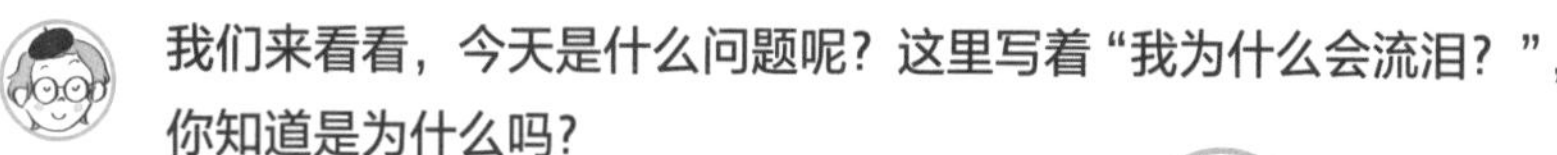

★前两页的阅读方法（例：第三册 120～121 页）

= 家长

= 孩子

（家长）我们来看看，今天是什么问题呢？这里写着“我为什么会流泪？”，你知道是为什么吗？

（孩子）是因为感到悲伤吧。

（家长）可是开心时也可能流泪啊。

（孩子）嗯……

（家长）快看，这儿写着“我明明不想哭的，但眼泪却自己流出来了”。

（孩子）那就是眼泪不听话，自己流出来了。

（家长）为什么眼泪会不听话地流出来呢？

小建议！

为了帮孩子养成思考的习惯，继续阅读下去吧！

在前两页，我对问题作出了简单的解释，而在后两页，我又更加深入地对问题进行了说明，对于低年级的小朋友来说，阅读起来具有一定难度。这时，请您陪孩子一同阅读，帮他 / 她养成思考的好习惯。

亲子共读时一定要注意一点，那就是请您务必耐心地等待孩子的回答！在孩子思考时，请您不要催促，静静等待就好。

这里写着“在伤心时与开心时流出泪水，我们的心就会感到舒畅”。

没错。我们在哭完以后心情是很放松的。

不过眼泪会让我看不清眼前的东西。

没错。看不清楚有没有什么好处呢？

我不知道。

你试着回想一下流泪后的感觉？

嗯，马上又能看清楚了。

你注意到了这一点，很棒。我们感觉世界朦胧的时候，就只有流泪的那一会儿工夫。

是呀，那会儿我的眼睛里泪汪汪的。不过等眼泪哗啦啦地流完以后，世界变得更清晰啦。

小建议！

即使孩子说不知道，您也别生气，继续问下去试试。

小建议！

请您不要否定孩子的思考，试着去理解孩子。

眼泪让世界变得更清晰

我们在伤心时会哭泣，开心时也会哭泣。明明是完全相反的两件事，却导致了相同的结果，这真是太奇怪了。不过这两件事有一个共同点，那就是我们在伤心时和开心时，都有心脏受到挤压的感觉。伤心时，我们的心就像是被谁紧紧攥住一般；开心时，我们的心就像是被谁紧紧抱住一般。

是因为我们的心受到挤压，才会流眼泪的吧，就像我们的心里装满了眼泪一样。

在伤心时与开心时流出泪水，我们的心就会感到舒畅，感觉好像是装满整颗心的液体都排空了。大人常对孩子说“不许哭”之类的话，但实际上，偶尔流眼泪或许是件好事，毕竟这样做会使我们的心情更舒畅。

而且，流眼泪会让这个世界看起来朦朦胧胧的。这是当然的呀，因为在你眼前蒙着一层眼泪。

这有什么意义呢？

或许是故意不让你看清真正的世界？确实，我们在伤心时不想看清楚这个世界。开心时倒是想看清楚，但朦胧的世界看起来也很美，不是吗？眼睛里有液体比较好，而将眼泪痛快地流出来是最好的。

122 123

★后两页的阅读方法（例：第三册 122 ~ 123 页）

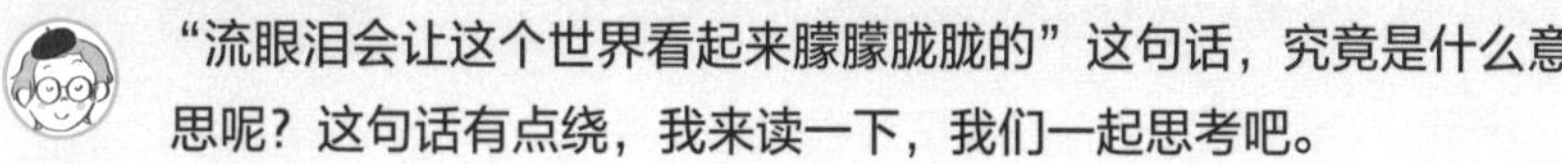

“流眼泪会让这个世界看起来朦朦胧胧的”这句话，究竟是什么意思呢？这句话有点绕，我来读一下，我们一起思考吧。

好呀。

（读一遍句子）怎么样，明白了吗？

它的意思是说，朦胧的世界也不错。

那是为什么呢？

因为我们在悲伤时，
并不想看清楚这个世界。

没错。那开心的时候呢？

开心时我们可想把世界看清楚了。

那么，为什么会这样呢？

我不知道。书上没有写。

思考没写出来的东西是很重要的，你来想想看嘛。

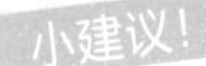

小建议！

鼓励孩子加把劲，
继续思考。

亲爱的小读者，看到这里，你感觉怎么样？

你有没有觉得，围绕这本书，可以与爸爸妈妈展开很棒的对话？

这本书里的问题不像计算题，你无法给出一个标准答案。有些问题可能直到最后你也没能找到答案，那样也没关系，开始思考才是最重要的。

为什么这样说呢？因为你一旦开始思考，就会养成思考的习惯。要是直接听答案，你就懒得再继续思考了。

在小时候养成认真地独立思考的习惯，对你将来的学习、工作一定有帮助，养成思考的习惯会提高你的生存能力。这样，你长大后就能成为一名有主见的人。

如果你已经是一名小学高年级的学生，正在独立阅读本书，也请你模拟对话自问自答，在想出自己的答案前多多思考吧。

好了，现在请你开始阅读吧！

与你一同在哲学世界中遨游的小伙伴

让我来向你介绍一些在本书中登场的小伙伴

（不是全部哦）

柚子妹
（水豚）

小爱
（狐猴）

山田小弟
（松鼠）

小鳄
（鳄鱼）

闹闹
（小浣熊）

鹳鹳
（鲸头鹳）

兔兔
（兔子）

虎儿
（老虎）

小哲

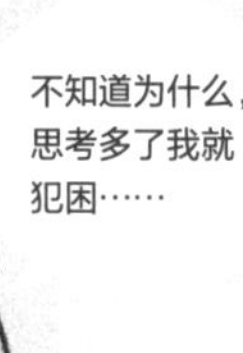

白雪
（北极熊）

羊羊妹
（羊驼）

目录

1 比那些只会学习的“书呆子”爱思考

1

比那些只会学习的“书呆子”爱思考

什么是思考?

如果有人让你“想一道新菜出来，要用到鱼和巧克力”，你会怎么做?

我们的知识是有限的。当我们面对全新的事物时，是没有标准答案的。也就是说，遇到这样的情况，我们只能绞尽脑汁，依据我们已知的知识来寻找答案，或是彻底换一个角度来思考问题。

试着这样
来思考

收集原材料，在脑海中进行搭配

大人们常说，要用自己的脑子思考问题，但没人教过我们怎样去思考。要是有个关于思考的步骤说明就好了，第一步怎样做，第二步怎样做，第三步……

不知道如何思考，我们就只能在课本中或是上网搜索答案。然而我们这样做了，大人们仍然说不行。也就是说，只找现成的答案还不行。

那我们还能做什么呢？如果找现成的答案不行，那我们就只能自己造一个答案出来了。的确，这样做好像是在思考。然而，无论我们制造什么都需要原材料，还要知道制造方法，否则就会一筹莫展。

让我们从更简单的方向入手解决这个问题。原材料都在外面的世界里，也就是说，只要到外面去找原材料就可以了。书本也好，网络也好，从外面的世界找到原材料就行。

一直以来，我们认为有些东西是答案，但实际上它们是原材料。那么，怎样使用这些原材料来找到答案呢？这个问题可得好好想一想。要不要给你一点提示呢？

啊，对！其实制造答案和做菜是一个道理呀。在做菜时，我们会查清楚每种食材怎样做最好吃，然后再将它们搭配在一起做成美食。做到一半时还要尝尝味道如何，调整一下咸淡。让我们把做菜的步骤也应用到思考中吧。这样我们就能看清楚应该如何运用收集来的原材料，在脑海中进行多种搭配。

如果觉得这个搭配不够好，我们还可以尝试其他搭配，直到得出满意的搭配为止。这个过程就叫作思考。

什么是喜欢？

一想到那件事我就心跳加速，这是为什么？

喜欢一件事的心跳，与被批评时害怕的心跳感觉很不一样

突然间，那件事完全占据了我的大脑，我无法思考其他任何事情了。真令人苦恼！但不知为何，我的内心又感到雀跃不已。或许这就是喜欢某件事的滋味吧。

试着这样来思考

“喜欢”的感觉，就像是面对某件宝物时患得患失的心情

我们每天都有许多不得不思考、不得不费心的事，对吧？这样那样的事，将我们的大脑塞得满满的。然而不可思议的是，一旦你有了某件喜欢的事情，那件事就会占据你的头脑，明明是塞得满满看似不可能再有空隙的大脑，那件事却总能挤进来，映入脑海。而且不知道为什么，每当你想思考其他事情时，这件事总会扰乱你的思绪。难道说这就是喜欢某件事的感觉吗？“我的心被夺走了”，你现在的感受是不是和这个说法完全吻合呢？你的心就像是被那件事夺走了一般。

然而，这并不意味着那件事真的把你的心抢走了，因为是你不由自主地单方面喜欢上了这件事，是你自己抢走了自己的心。这样说也不对，原本就是自己的心，又何来“抢走”一说呢？

要是这么说的话，可能你会这样想：一定还存在着另一个自己无法控制的“我”，或许这就是那个“我”喜欢的事。我喜欢郊游，是因为能与小朋友们在户外玩耍，可

以走近大自然，这能给我舒服的感觉，所以内心的“我”很向往，无法控制地向往。

还有，“喜欢”这件事，更像是你发现了一件宝物却不能随心所欲地支配这件宝物的感觉。正因为如此，你才会担心这件宝物会不会突然从眼前消失。郊游会不会因为下雨或什么突发情况去不成了？而这种患得患失正是喜欢某件事的感觉。

什么是讨厌?

为什么
我想避开他（她、它）?

当你讨厌某个人时，你就会想避开他 / 她。“避开”这一行为本身就意味着你不想和这个人待在一起，对吧？为什么你要刻意说出“讨厌”这两个字呢？是不是在你的内心，还是希望找到改变这一现状的方法呢？

试着这样来思考

其实并不是“讨厌”，而是不符合你的期待

不管是谁，最不想听到的一句话就是被人说“我讨厌你”。但不知为何，说是最讨厌，却也到不了憎恶的地步。为什么一个人会说讨厌另一个人呢？当然是因为这个人想避开另一个人。既不想和对方待在一起，也不想看到对方时，人们就会这样说。为什么你会不想和某个人待在一起呢？那一定是因为，和对方待在一起时你会觉得难受。总而言之，有某种原因导致你感觉不愉快。

也就是说，其实你心里有一份期待，希望对方这样做，但对方没有达到你的预期，因此你才想避开他 / 她。当你说出“我最讨厌爸爸”时，其实你并不是真的希望爸爸从这个世界上消失，对不对？

我想，或许你其实是希望爸爸按照你的想法来考虑问题，但他却没能理解你，你只是因此感到生气而已。所以说，“讨厌”这种情绪，也许是别人没达到你的期待而导致的。

说到这里，你是不是已经明白了为什么“喜欢”与

“讨厌”这两个词是一对呢？我认为，这两个词之所以是一对，并不是因为它们互为反义词，而是因为“喜欢”和“讨厌”是同一枚硬币的正反两面。如果一枚硬币的正面印着“我最喜欢你”，那它的背面一定印着“我最讨厌你”。

有时，因为一点小事，“最喜欢”可能会变成“最讨厌”，反之，“最讨厌”也可能变成“最喜欢”。因此，我希望你在产生“讨厌”这种情绪时，先冷静下来好好思考一番，你是不是真的这样想。当然，没有讨厌的人或事是最好的。话虽如此，如果我们真的遇到了这种情况，只要学会化解讨厌的情绪，比起回避，不是更好吗？

为什么有人爱欺负别人？

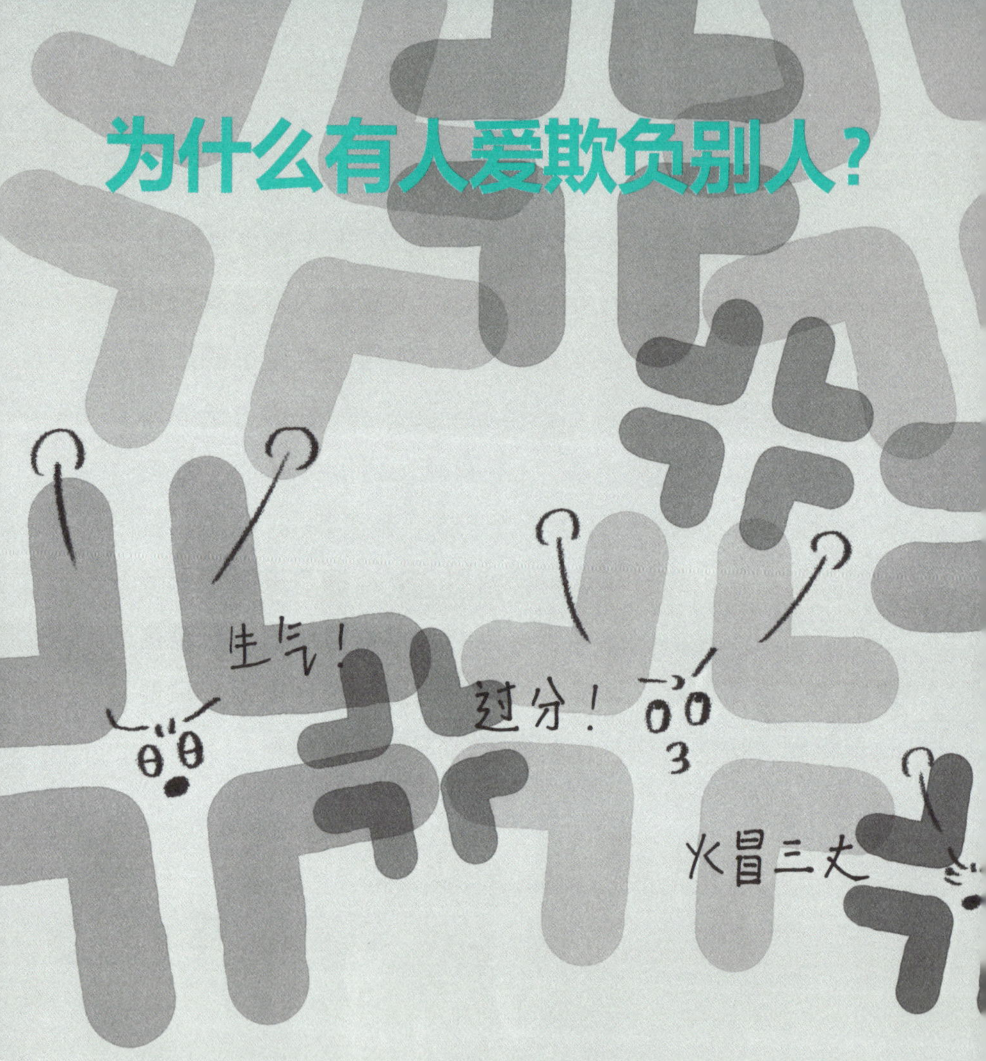

如果你感到焦躁不安，或许会产生欺负别人的念头。即使你没感觉到自己正处于焦躁不安的状态，只要你做出欺负别人的行为，你的潜意识一定是焦躁不安的，我是这样认为的。看不见的焦躁情绪是万恶之源。

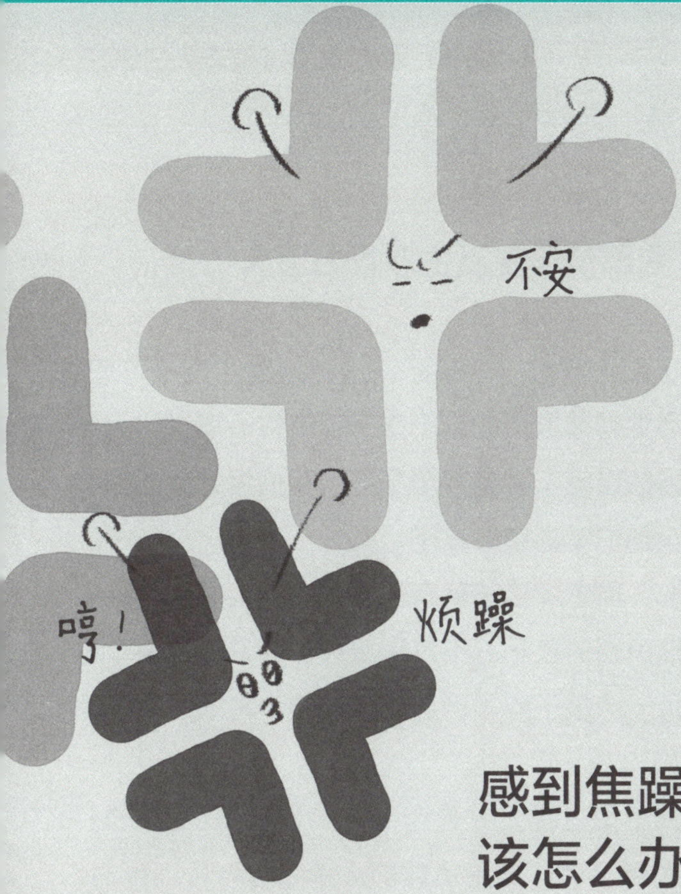

不安

哼！

烦躁

感到焦躁不安时，该怎么办？

试着这样来思考

焦躁情绪是滋生恶意的温床

几个孩子合伙欺负一个孩子，这种行为实在不可取。无论是谁都会觉得被欺负的这个孩子很可怜。不过，为什么会发生这样的事呢？大多数情况下，我们见到的都是坏孩子欺负那些他们不喜欢的孩子。

也就是说，原本坏孩子就有坏心眼，他们感到焦躁不安时就会去欺负别的孩子。不过你应该也听说过，整个班级的孩子欺负一个孩子的事例。难道说整个班级的孩子都是坏孩子吗？

我想应该不是这样，只是因为大多数孩子在那一刻，并没有意识到自己那样做是错误的。直到被老师训斥时，他们才明白自己做了坏事。

我想，每个人的心底都藏着一些坏念头。这些坏念头会在某个意想不到的瞬间滋生、放大。我也是这样，有时回忆某个时刻，我才惊觉“呀，那时我欺负人了啊”。欺负人时，一般都是我感到疲惫不堪、遇到麻烦事或是有什么事不顺心的时候。也就是说，那时的我通常处于焦躁不安的状态中。

没错，我认为人们的焦躁情绪是滋生恶意的温床。极度焦躁不安的孩子在某个偶然的时刻会将情绪发泄在自己不喜欢的孩子身上。受其影响，周围孩子们心底的恶意也会不自觉地萌发。

因此我认为，最重要的一点是时刻对自我保持正确的认知，要明白一不小心自己也可能做出欺负人的事。这样一来，就能抑制焦躁情绪，不会心生恶念。

为什么人有贫富之分？

啊，我好想成为有钱人呀。

人人都想成为有钱人，所以相互竞争，其结果自然会产生贫富差距。想成为有钱人，并没有什么不对，不过，如果这样的欲望过于强烈可就不好了，因为这可能导致贫富差距越来越大。

哇，好厉害！

饱满
光滑
高档
橡子
仅限VIP用户
特供基地直送
100%纯有机

试着这样来思考

为别人考虑，尽量缩小贫富差距

为什么有人过着奢华的生活，有人却为生计而发愁呢？我的身边也是这样，既有有钱人，也有普通人。有一个道理是大家都明白的，那就是努力的人才有可能赚到更多钱。

不过，世界上也有很多没法通过努力赚钱的人，我想这是很无奈的事。别误会，我的意思不是说偷懒也可以，而是说人们的能力有高有低，还有一些因患病而无法付出努力的人。

那么，只有努力的人才能赚到更多钱这件事，就真的合理吗？

如果真是这样，那有钱人和普通人之间的差距就会越来越大。这一点，大家应该都明白，然而为什么没人去改变这种现状呢？或许是因为多数人觉得这样也无所谓吧。

我认为，每个人都希望有机会成为有钱人。人啊，是不是太贪心了呢？

其实，我们渴望拥有某一件东西、追求更好的生活，并不是什么坏事。欲望过于强烈才是问题所在。因此，我们每个人都要尽量为别人考虑，控制一下自己的欲望。我觉得这样做，能稍微缩小一些贫富差距。

什么是当然？

你不觉得“当然”是一个很好用的词吗？

一个人说出“这件事显而易见，当然如此”这句话时，周围的人就纷纷点头赞同。这究竟是为什么呢？这件事真的那么顺理成章吗？不，明明有些事并不是理所当然的。难道不是因为嫌思考起来太麻烦，才用“当然”这个词来敷衍别人吗？

滴滴滴
我必须
想一想……
嘣！
真相仪
肯定是
这样的！
那当
然喽！

试着这样来思考

“当然”表示不想再投入精力思考了

我们常听人说“那当然了”。例如，有人说“天空是蓝色的”，我们就会想，那不是当然的吗？当你助人为乐被人称赞时，你也会回答“那样做是理所当然的”。不过，我们为什么会认为这些事是当然的呢？

这是因为，关于这些事，大家都是这样想的。众所周知的事，也就没必要去思考什么原因，也不用做什么说明。不过，大家真的都知道这些事背后的原因吗？这么说的话，天空也有不蓝的时候呢，为什么还要说天空是蓝色的呢？是因为天空看上去是蓝色的日子比较多吗？

天空最初的颜色就是蓝色吧？啊，糟糕！我突然开始觉得，天空是蓝色的并不是一件理所当然的事了。那么，助人为乐这件事呢？这件事肯定是理所当然的吧。可是，既然是理所当然的事，为什么有些人不愿意做呢？有人是不愿意做，有人是没能力做。

这样思考下来的结果是：所谓的“当然”，其实不过是大部分人觉得这件事“当然”应该这样做。谁也不愿再进一步思考一下，这件事是不是绝对意义上的“当然”。我们只要再稍微动动脑子，就能想出一大堆例外和疑问，于是，“当然”也变得不那么“当然”了。这就是最好的证明，证明了我们认为的“当然”，或许只是“想当然”。

你是否擅长提出质疑？

答案全都在某个地方写好了吗？

答案都已经写在课本上了吧。不过，如果那个答案是错的，还有另一种谁也不知道的新的答案，我们怎样才能找到它呢？方法就是去质疑现有的答案。这样一来，我们就不得不去发现新的答案了。

试着这样来思考

你只是一直没机会提出质疑

即使你认可了别人说的“你要对答案提出质疑”，也会感到困惑，不知道应该怎样做。我想这是因为我们平时在学校很少提出质疑。大多数情况下，我们都对老师说的话和课本上写的内容深信不疑。

一说起“答案”，我们就觉得它是值得信任的，是毋庸置疑的。然而，无论是老师还是课本，都有出错的可能。当你有一些新的想法时，最好先对现有的答案或思考方式提出质疑。

这是因为，现有的答案在过去可能是正确的，但现在与答案相关的某个条件改变了，答案也随之发生了改变。

只不过，即使我们明白这一点，提出质疑仍是件难事。怎样才能提出质疑呢？质疑就是你认为一件事不是那样的。举个例子，我们可以这样做：努力想出和它相反的事，然后想办法证明和它相反的事才是正确的。

比方说，我们想要质疑“水是柔软的”这个说法，那我们就会想象水变硬时的状态——比如结冰的时候、水压很强的时候，等等。怎么样？你现在是不是对“水是柔软的”这个说法产生怀疑了？

我想，提出质疑这件事其实并没有那么难，之所以觉得难，只不过是因为我们一直以来没有机会提出质疑。因为一直是同一个答案，也一直没有出现问题，但如今，许多事物都处于不断变化中，未来你还能寻找到新的答案。我认为，善于提出质疑的人即将迎来属于他们的时代。

什么是世界？

对你而言，什么是“世界第一”？

我们还是先来思考一下什么是“世界第一”吧！

我们一说到“世界第一”，就有热血沸腾的感觉。这是为什么？我想这是因为“世界第一”不是件容易办到的事，毕竟“世界”指的可是这世上所有的一切呀。但即便如此，我们也会将“世界第一”作为前进的动力。

试着这样来思考

世界是一个让你能抒发强烈情感的舞台

人们常说“世界很辽阔”“世界第一”之类的话，所谓的“世界”，是指整个地球吗？如果不是，那世界和地球又有什么区别呢？地球，指的就是我们所居住的这个行星的全部吧？高山属于地球，深海也属于地球。从某种程度上来说，就连天空都是属于地球的。

然而，说到世界，我觉得范围并没有那么广泛。世界是指各个国家吗？可要是我去了一个不属于任何国家的地方旅游，也还是可以称其为世界之旅呀。

照这么说的话，世界指的应该是有人活动、居住的地方吧？那么问题又来了，既然如此，我们具体说出在哪个场所不就可以了吗？为什么要将其都归类为“世界”来进行表达呢？“世界”的意思不就是指和人有关的全部场所吗？为什么必须用“世界”这个词来指代呢？

前面我们说到的“世界第一”，的确是想说明在整体中排名第一，因而用这样一个词语来准确地表达这个意思。人们说“全世界我最喜欢的是……”时是这种情况，说“就算整个世界都毁灭了，我也要坚持到底”时也是这种情况。我觉得在“第一”前加上“世界”这个词，有种强调的作用。你可以想想看，如果说“全国第一”，是不是听起来不够厉害，有种天外有天的感觉？

当人们说出“世界第一”时，会传递出一种强烈的情感，表达出在与人类有关的一切中是第一的意思。因此，“世界”这个词就是一个让人能够抒发这种强烈情感的舞台。

什么是读书？

翻开书页，
你就打开了通向另一个
世界的大门。

读书时，我们并不是单纯地阅读文字。在我们的脑海中还展开了天马行空的想象，想象书中的世界。因为书里呈现的往往是一个和我们的生活不同的世界。

关于
新世界的书

试着这样来思考

书中的信息，只靠书籍本身是无法完整传递的

想象一下，你将一件长方形的扁平物体拿在手里，翻开它，里面挤满了密密麻麻的小字，你要逐字逐句地阅读这些文字。没错，这种行为叫作“读”书。你一定觉得这很简单。不过，阅读光靠“读”可不行，还要去理解这些文字。

一本书中有大量密集的文字。只要你理解了这些文字，也就理解了整本书要传递的信息。然而，小朋友在阅读大人的书时，即使认识所有的字，却还是理解不了书中的信息，这是为什么呢？

所有的字都清清楚楚地印在书上，为什么会看不懂呢？比如说关于和平的书，或是关于爱情的书。小朋友也认识“和平”与“爱”这两个词，所以应该能看懂这类书才对。然而，现实情况是，他们通常都无法理解。是因为书中的文字太晦涩吗？

并不是这样的。是因为有时候，即使明白一句话中所有词语的意思，我们也可能理解不了整句话的含义。还有

更加不可思议的事情，当我和朋友阅读同一本书时，我们对书的理解却截然不同。也就是说，或许书中的信息只靠书籍本身是无法完整传递的。

或许，一本书所要传递的信息，只有与阅读者的人生经历、生活背景相结合之后，才是完整的。因为书是文字的世界，所以需要我们一边天马行空地想象，一边阅读。看到这里，你是不是发现自己过去并没真正理解书是什么？

什么是语言？

我不是这个意思，可是……

我好喜欢你，
可以和你做朋友吗？

有时候，我们无法准确地用语言表达自己的意思。我们好不容易将自己的情感倾注在语言中，但对方却没从我们的语言中感受到。即使是同一个词语，其中蕴含的情感，多少也会因人而异。

试着这样来思考

语言是将大脑里的想法传达给别人的工具

大家是怎样组织自己的语言的呢？啊，说话还需要先组织语言吗？或许有很多人根本没意识到这一点。不过，你一定琢磨过在辩解时说什么话才好、在写信时使用什么样的措辞吧？

每当我们开口说话时，一般都是从无数词语中选择自己认为最合适的那些。那么，什么是“最合适”的词语呢？只要你想一想组织语言时的场景就明白了。

例如，当你通过写信来向对方表达自己的情感时，首先要考虑写些什么。如果你想分享喜悦，就需要用语言表达出你经历了什么令你感到喜悦的事情、你的喜悦到达了什么程度。如果不这样做，你就无法将情感传递给读信的人。

能将你脑海里的想法最为准确地传递给别人的词语，就是最合适的语言。这就是我前面所说的“组织语言”。因此，你积累的词语越多，可供选择的范围就越广，有助于你从中选出最能准确表达自己意思的词语。

如果你没能找到能准确表达自己意思的词语，该怎么办呢？那就自己创造一个好了。语言原本就是具有生命力的，是在不断演变的。同一个词语在不同年代的意思可能有所差别。再加上还要考虑语境，有时候我们要通过上下文来判断某个词语的含义。实际上，新词语也在源源不断地产生。没准在不久后的某一天，你创造的词语也会被收录在词典里哟。

什么是哲学？

我是否了解关于这个杯子的全部信息呢？

我们自以为熟知的事物全都有其被隐藏起来的“真面目”。比如说，杯子的真面目是什么？玩耍的真面目是什么？自由的真面目是什么？哲学就是思考这些问题的。

试着这样来思考

用哲学的方式来思考，你对世界的看法会焕然一新

“哲学”这个名字听起来很高深，其实它简直就像一个因为看似孤傲而被人误解的人。我想让大家都了解哲学的真面目，我愿为此不断努力。比如这本书，也是出于这个目的。前面我已经请大家思考过一些切身问题了，如“什么是喜欢”“为什么会有人欺负别人”等。这些全都属于哲学的范畴。

总而言之，对于那些你乍一看认为是理所当然的词语，那些你以为自己理解了的词语，那些你平时不会去仔细思考原因的事情，请你思考一下它们的本质究竟是什么。

这就是哲学。然后，不可思议的事情发生了，世界看起来竟变得如此不同！

听完我的话，你是不是觉得这是件非常简单的事？不过，去思考你认为理所当然的事，看似简单却并不轻松。

因为你认为这件事是理所当然的，所以你就很难进一步去思考它。这时你需要转变一下思想。具体说来，首先

你必须质疑“理所当然”，在这个基础上再换个视角，然后在头脑中重新思考这件事的含义。当然，事物的含义必须通过准确的语言才能传递给他人，所以你还要组织好语言来表达这件事。

综上所述，这就是哲学的做法。怎么样，你觉得难吗？其实，这本书读到这里，你已经在不知不觉间踏入哲学的大门了。你看，世界是不是看起来变得不一样了？

通过哲学掌握各种能力

当你习惯了通过哲学的方式思考，就能逐渐掌握各种各样的能力。
在这里，我先简单介绍几种能力吧。

思考能力

能进行深度思考

质疑能力

明白答案不止一个

沟通能力

能准确地运用语言与人交流

人格魅力

能修身养性，对事物作出正确的判断，具有合作力、亲和力，等等

创造能力

能想出很棒的点子

阅读理解能力

能正确理解文章及会话的内容

湛庐CHEERS

与最聪明的人共同进化

HERE COMES EVERYBODY

小学生就要懂的哲学⑥

比那些不爱动脑的“小笨孩”会创造

子どもテツガク

[日]小川仁志 著

梁玥 译

浙江教育出版社·杭州

与你一同在哲学世界中遨游的小伙伴

让我来向你介绍一些在本书中登场的小伙伴
（不是全部哦）

我的目标是成为温柔
而有力量的人！

柚子妹
（水豚）

我爱憎分明。
你喜欢这样的我吗？

小爱
（狐猴）

要是不用
写作业，
那该多好啊！

山田小弟
（松鼠）

我长得很可怕吗？
太伤我心了。

小鳄
（鳄鱼）

我不喜欢写作业，有什么
办法让我改变吗？
不过我很喜欢洗东西。

闹闹
（小浣熊）

我有时会被别人欺负，
不过我会用哲学来思考
这个问题哦。

鹳鹳
（鲸头鹳）

我喜欢说唱，
正在学吉他。

兔兔
（兔子）

我是个吃货，
总觉得肚子饿。

虎儿
（老虎）

我呀，是小川老
师的小助手。

小哲

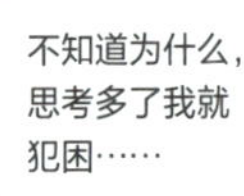

白雪
（北极熊）

大家总是
围在我身边
抚摸我的毛，
有时候我也想
一个人待着呀

羊羊妹
（羊驼）

目录

比那些不爱动脑的“小笨孩”会创造

比那些不爱动脑的“小笨孩”会创造

什么是努力？

明明马上就要考试了，我却没有干劲。

有些时候我们必须努力，必须比平时更卖力才行。当然，这种时候我们会消耗更多精力，因此，我们在紧要关头更努力会比较好。

试着这样来思考

所谓“努力”，就是要在紧要关头多花精力

当我们说“我会努力的”这句话时，心情是怎样的呢？肯定是打算比平时做事更卖力的。因为我们没这样想的话，只说句“我会做的”就可以了。

既然我们特意说出了“努力”之类的词，就表示我们准备拿出干劲来了。我认为人在放松时，能使出来的力量非常有限。不信你看，在日常生活中，我们不会每件事都说“努力”吧？比如，努力吃饭，努力上学，努力上课，努力看电视，等等，我们不会这样说吧？

因为这些都是理所当然要做的事。如果每件事都要努力，那也太累了吧。所谓“努力”，不就是指花费一定程度的精力吗？要是一直不停地努力，会把我们的精力耗光，让我们感到疲惫。

我们只需在紧要关头花费比平时更多的精力就好。不过，什么时候才算是紧要关头呢？那肯定是很重要的时刻。不过分辨起来好难呀。我认为紧要关头就是不能轻易放弃、必须坚持下去的时刻。

如果因消极懈怠而想要放弃，那这种时候也是紧要关头。比方说在学得不太好的科目考试之前干脆不复习啦，或是因为比赛前感觉胜算不大就不练习啦，等等，我认为这些时候恰恰是需要努力的时刻。

什么是“活在当下”?

啊……又浪费了
一天的时光!

我们总觉得时间是无限的，其实并非如此。尤其是我们的生命，它是有限的。不，从某种意义上说，我们的生命甚至只存在于当下这个瞬间，因此我们必须珍惜当下。

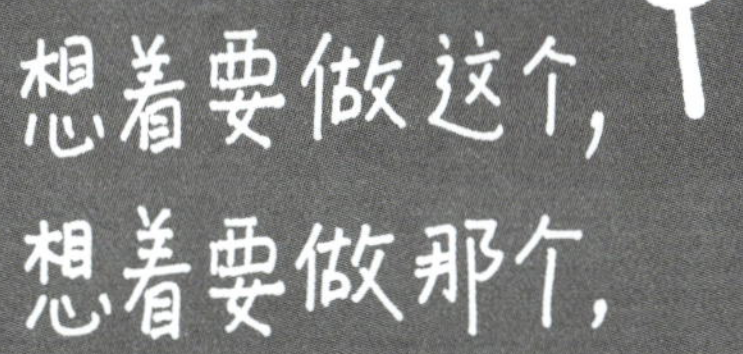
想着要做这个，
想着要做那个，

结果玩了
一整天游戏……

试着这样来思考

我们要仔细体验当下这个时间点

我们活在时间轴上，过去和未来以一线贯通，最中间是现在，也就是当下。如果说昨天的我是活着的，明天的我应该还是活着的，那么当下的我当然也是活着的。

这就是“活在时间轴上”的意思。准确地说，昨天是“活过”，是过去时；明天是“可能会活”，是将来时；“活着”就是指当下这一刻。

这样一来，你可能会觉得，“活着”不是在时间轴上，而是在当下这个点上。要是到了明天，“明天”就会变成当下，我们仍旧还是活在当下这个点上的。不，用不着到明天，接下来的瞬间就是这样，我们应该是活在一秒接一秒的当下。

也就是说，我们只能活在当下。如果这样的话，你不想好好珍惜这个当下吗？因为你既不能回到过去重新活一遍，也不知道未来会变成什么样。

不过，怎样做才算是好好珍惜当下呢？

我认为，仔细体验当下就是珍惜当下。我们要想着“这个瞬间是很重要的”来度过生命的每一刻。牢牢地记住美丽的风景，对美味的食物抱有感恩的心，感受和家人、朋友在一起的喜悦。

当下是一个点，是像一颗小米粒一样的东西。但一颗小米粒也很重要，当下这个点是与未来密切相关的重要的时间点。我们要仔细体验每一个当下。

“每天”是什么？

孜孜不倦，真是不容易。

孜孜不倦就是指每天都努力做某件事吧？要是每天都做正确的事就会得到肯定。要是偶尔做的话，每个人都有努力的时刻，难就难在要坚持。

试着这样来思考

每天坚持做正确的事，会使人变得强大

什么是“每天”？是指一直吗？既然有“天”这个字，那应该是指一天接一天吧？虽然我也不知道要持续到什么时候。我们用到这个词语，多半是在进行比较严谨的陈述的时候。

每天都泡澡啦，每天都学习啦，每天都做某件事啦，诸如此类。如果我们某天做了一次某件事，并且接下来的一天又一天都坚持做下去，那说起这件事时用上“每天”这个词就比较严谨了。

这样的事也被称为“习惯”。所以我觉得，“每天”这个词和“习惯”这个词经常成对出现，就好比我们会说“每天习惯做某事”。如果我们能每天都做正确的事并养成习惯，是很了不起的。

比方说每天跑五公里，每天读一本书，等等。我觉得每天都坚持的好习惯，会使人变得强大。当然，要是你每天都重复错误的行为并养成习惯，恐怕就无药可救了。比方说每天都吃撑啦，每天都偷懒啦，等等。

所以，我们要学会“每天”坚持做正确的事。这才是我们和“每天”正确的相处方式。

话虽如此，做起来可不是那么简单的。因为我们总是坚持不了每天都做正确的事，时常忍不住犯错。要每天都控制住自己，可不是轻而易举就能办到的。即便这回下了决心，可能没多久又故态复萌了。能每天坚持做正确的事的人，可真是了不起的人呀……

什么是“恰到好处”？

哎呀，我又吃撑了。

我们有时会不小心吃撑，然后后悔。明明恰到好处会使人心情舒畅，为什么我们没能在七八分饱的时候停止呢？

嗝！

试着这样来思考

“恰到好处”指的是恰好使人感到心情舒畅的程度

我们有时做事会做过头，要不就是做得不到位。比如，我们肚子一饿就容易吃过量，过后又感到后悔。“我今天特意想着要少吃点，结果又吃多了！”

古人常说“饭吃八分饱”，但我们要怎样做才能在恰到好处的时候停下来呢？我们进食时，肚子是感到饥饿的，那么恰到好处就是指肚子感到饱了的时候吧。然而，这时已经晚了，因为肚子会感到越来越饱。吃撑了之后不但会让我们感到很不舒服，经常饮食过饱还可能会导致免疫功能下降。

我认为，任何事都能做到恰到好处的人，归根结底是因为他的意志力很强。他一定是个能牢牢控制住欲望的人。因此，虽然我们总把“恰到好处”之类的话挂在嘴边，但实际上这是一个很高的要求。要是没有相当强的意志力和自控力，是无法做到恰到好处的。

比方说你想控制体重，想让自己更受人欢迎，或是想能穿上自己想穿的衣服，虽然我前面说的那些话看似是关于控制过量饮食这一行为的，但我想也适用于其他方面。如果你有某个目标，就应该用意志力和自控力保持在“恰到好处”这个点上。

我在前面也写到过，保持“恰到好处”是关键，这不是轻易就能做到的事。如果你不清楚中间点在哪里，那可以去体验一下两个极端，我想这样你就会明白的。因为走两个极端一定会让你不太好受，所以让你舒服的、心情舒畅的部分就是“恰到好处”了。

真好呀……
兔兔的家……

羡慕别人时，我们应该怎样做？

什么都是别人家的好吗？

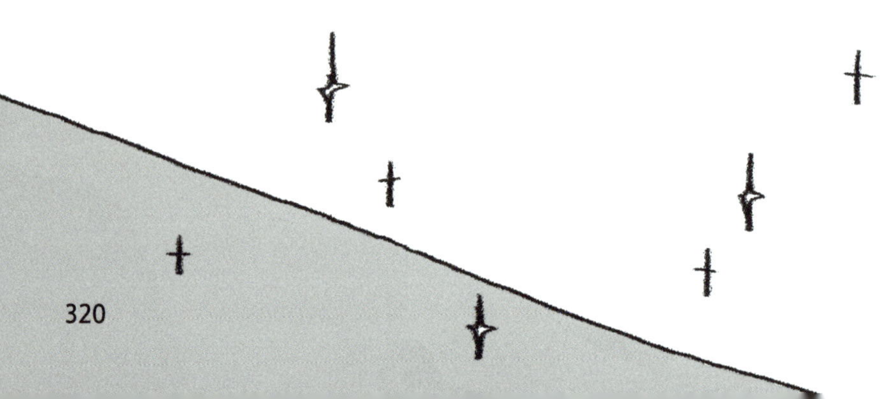

我们似乎觉得，什么都是别人家的好，却没注意到自己拥有的东西也很好。因此，我们不应只顾着追求那些自己没有的东西，也要去多发现自己拥有之物的优点。

试着这样来思考

让我们一起来寻找自己的拥有之物吧

我们总爱和他人攀比。比方说某个同学有个更高级的笔盒啦，某个同学更受欢迎啦，等等。于是我们就会羡慕甚至嫉妒他人。

如果你只是感到羡慕，希望自己也能努力成为那样的人倒也不错，这样还能让你变得积极向上，促使你更加努力。

但嫉妒就不好了，它会扰乱你的内心。嫉妒基本上都是消极的。那么，该如何避免自己陷入这种情绪中呢？

当然是不和人攀比了，如果人们能做到这一点，也就不会有后面的担心了。如果做不到，那就争取让自己变成一个即使和别人比较，也能保持内心平静的人吧。我建议你不要“追求自己没有的东西”，而是要“寻找自己的拥有之物的优点”。

无论是谁，应该都已经拥有了一些东西，你只要将自己拥有的东西找出来就好。“我有一个总是夸我的爸爸”“我有个能找到美食的鼻子”，这些都可以。像这样，将自己拥有的好东西列出来看看，你应该就能感受到幸福了。你会发现“原来我拥有这么多东西呢”。

即便你拥有的东西有些奇怪或是无足轻重，那也没关系，因为它们都是只属于你一个人的好东西。你得好好爱护它们哟。我想，其他人肯定也正在羡慕只有你才有的东西呢。

感到懊恼时，我们应该怎样做？

我们接受不了的事可真多呀。这是因为不可能所有的事都会按照我们的意愿发展。既然如此，我们只能去试着接受了，不是吗？因为只有这样，才能使我们不再因此而懊恼。

真抱歉，
被妈妈吃完了……

试着这样来思考

接受那些使你感到懊恼的事

明明我已经很努力了，结果却输掉了比赛；明明不是我的错，我却挨了骂，这样的时刻很令人懊恼啊。我想，我们之所以会感到懊恼，是因为我们接受不了这一刻的现实，却又束手无策。碰到那些让我们束手无策、感到懊恼的事情时，我们应试着接受。即便我们一下子接受不了，也可以告诉自己“人生不如意事，十之八九”，然后接受它。

想想看吧，在这个世界上有数不清的人，也有数不清的自然现象，还有那么多单凭我们自己无论如何都解决不了的事。在这样的一个世界里，要是有什么事能完全按照我们的意愿发展，那真是奇迹呢。因此，我是这样想的，每天发生的绝大多数的事都是我们接受不了的事。

果不其然，我接受不了的事发生了。由于我早就知道会发生我接受不了的事，所以我并没有感到特别懊恼。尽管我不一定开心，但我会接受它。

如果你抱着这种态度生活，偶尔发生一些能让你高兴的事时，你就会有一种中了大奖的感觉。

别看我说得头头是道，我也是长大以后才开始这样想的。所以你不必感到焦虑，因为懊恼可是孩子的特权。

只是面对令你懊恼的事时可以仔细想想：这件事我真的已经无能为力、无法改变了吗？尽管我说我们总会遇到接受不了的事，而且我们还要劝服自己去接受，但也有很多事是我们只要再努力一下就能改变的。时常想着去改变自己和世界，这也是孩子的特权哟。

感到悲伤时，我们应该怎样做？

我才不伤心呢，呜呜……

我们在悲伤时，不知为何总喜欢逞强。高兴时我们能够率真地哈哈大笑，悲伤时却无法坦诚地面对自己。强忍悲伤是很不好的，我们应该成为能够接纳自己悲伤的人。

试着这样来思考

在悲伤时，更要拥抱自己

我认为，人在悲伤时，很重要的一点是要接纳自己的悲伤情绪，决不能自欺说没什么可伤心的，或是无视自己的情绪。如果你太过悲伤，暂且逃避一下也未尝不可。因为这样做总比让你的心碎落一地要强。

不过，逃避总归只是逃避，你不能一直停留在原地。即使你装出不在意的样子，你还是很悲伤，不是吗？而且这种情绪还可能导致你的身体出现问题。

因此，等你渐渐平静下来，还得去接纳自己的悲伤才行。或许这么说有些难以理解，但我认为接纳自己的悲伤就是要拥抱自己。

你还记得小时候特别难过的时候，被爸爸妈妈拥入怀中的感觉吗？不知怎么，被他们拥抱着的你会感到悲伤逐渐消失了，是不是？

我想，这是爸爸妈妈帮你“吸收”了悲伤的缘故。你看，如果你把热乎乎的手贴在冰冷的物体上，热量就会传导吧？但由于爸爸妈妈的能量都很大，所以即使“吸收”了你的悲伤，他们也能保持平静。

不过，当你长大成人后就很难再被爸爸妈妈抱在怀里了。我甚至不知道还会不会有人来拥抱你，也不知道会不会有人能“吸收”你过于巨大的悲伤。

所以你要学会自己拥抱自己，自己“吸收”悲伤。人都是这样逐渐成长的，当你长大后，你也能拥抱别人，帮别人“吸收”悲伤了。

感到愤怒时，我们应该怎样做？

怒火 燃烧 怒火 燃烧 怒火

快要发火了！

即使你感到火冒三丈，也要以合理的方式表达它，这才是为人之道。也就是说，你不必抑制愤怒的情绪，只需注意一下你发泄的方式，不伤害到自己或他人即可。当你感到不那么愤怒时，进行理性思考，争取找到能够解决问题的方法。

气鼓鼓

试着这样来思考

当你愤怒时，要以合理的方式表达

人们似乎普遍认为“愤怒是不对的”，但我并不这么认为，毕竟这也是人类天生的情绪之一，我们会开心，会难过，会害怕……当然也会愤怒。

然而，我们不能因此而撕咬别人，不能不停地号叫，因为那样做我们就是野兽了。如果我们那样做了，不仅会给别人造成伤害，甚至还会产生更严重的问题。愤怒是可以的，但我们必须注意发泄的方式。

幸运的是，人与别的动物不同，人是具有理性的。因为有理性，我们能控制自己的怒火。举例来说，如果你因为某个人被气到不行，把惹怒你的人揍了一顿，会发生什么呢？首先当然需要道歉，如果严重一点，这个人受伤了，你还需要支付赔偿金，甚至可能需要承担法律责任。所以说，我们不能这么做。

能够去考虑这样的后果，就叫理性。你可以在面前放个垫子作为“出气筒”，尽情地打它。这样一来你自己痛快了，别人也不会受伤，同时不会有任何东西受到损坏。

如果你觉得即使这样做也解决不了任何问题，那你可以再想想别的办法。

还有一些事，需要好好沟通才能解决，所以我们要先冷静下来，和对方心平气和地好好说。我们可以将愤怒的能量转移到思考如何解决问题上，将愤怒进行合理化表达。

对人类而言，这是感到愤怒时的最好处理方式。要是你觉得一时间气得无法理性思考，那就先做几次深呼吸，吸气，吐气。这时你需要的就不是垫子了，而是把当前让你愤怒的事搁置片刻，等你能将愤怒的能量转移到思考如何解决问题上了，再想办法也不迟。

感到身心疲惫时，我们应该怎样做？

我真的好想在
海岛上悠闲地度个假。

当我们的内心感到疲惫时，就只想悠闲地打发日子。但老是宅在家里也会让我们感到疲惫，这时反而需要精力充沛地活动起来才行。我们要倾听自己内心的声音，听听它想怎样做，这一点是很重要的。

试着这样来思考

如果内心感到疲惫，就倾听一下自己的心声吧

我们的内心同身体一样，也会感到疲惫，因此我们必须让它得到休息。不过，怎样做才能让它好好休息呢？要回答这个问题很难，因为这正是问题所在，毕竟我们连“疲惫的内心”在人身体的哪个部位都不知道。

如果说内心在我们的大脑里，有人会问，睡着了内心不就能休息了吗？但并非如此。我们的大脑在我们睡觉时也还在工作呢，所以我们才会做梦。我们感到烦恼时，就连做的梦也常是噩梦吧？

那我们该怎样做才好呢？我认为，我们必须做一些能让内心真正得到放松的事。这些事因人而异，也与让我们内心感到疲惫的原因有关。比如，我们和朋友吵架后都会感到内心疲惫吧，在这种情况下，我们最好与那位朋友暂时保持距离，都各自冷静一下，等内心都恢复平静以后，再和对方重归于好吧。

又如，我们因为某次比赛或考试太拼命了，所以内心感到疲惫。在这种情况下，暂时把比赛、考试搁置一边，

或许也是个办法。就像电影里的主角那样，先在海岛上悠闲地度个假之类的！

嗯，与那些让我们内心感到疲惫的原因保持距离，或许是一个行得通的方法。因此，我们首先要好好倾听自己的内心，弄清楚为何会疲惫，这很重要。如果不这样做，只是单纯地躺着休息，那是解决不了任何问题的。

但也有这样的情况——因休息过头而感到疲惫，这种时候反而需要精力充沛地活动起来才好。我们越是看不清自己的内心，就越得仔细倾听它的声音。

感到无聊时我们应该怎样做？

有些事无聊到让人哈欠连天。不过，会不会是因为我自己把它想成无聊的事了，才会觉得犯困呢？也就是说，我只要把它想成有趣的事就可以了。我能做到这一点吗？当然可以，因为这件事全看自己怎么想。

如此这般

滔滔不绝……

试着这样来思考

无聊时试着让自己更积极些

我想，很多人都不喜欢无聊的感觉吧。比如我，就真的无法忍受无聊这件事。所以我在感觉无聊时，比如听到不感兴趣的、冗长的讲话时，就会犯困，不停地打哈欠，可能一会儿就真的打起瞌睡来了。

但有时候我们是不可以打瞌睡的。举例来说，在听校长讲话时，无论他的发言有多长，你也不能睡着，不然就太不礼貌了。然而，说说容易做起来难。一旦我们觉得一件事无聊，就会不受控制地昏昏欲睡，不管怎么掐自己的大腿都没用。

如果是这样，那我们可以反过来想，只要我们不觉得无聊不就好了吗？实际上，我现在就在使用这个方法。当我感到无聊的时候，我会把事情想得很有趣，或者说，我会试着津津有味地去投入。

其实任何发言都有它的有趣之处，校长的发言也是一样，只不过你对发言的话题不太感兴趣罢了，所以你可以试试带着兴趣去听。我的意思是，要津津有味地去听那些讲话，让自己多明白一些事是很开心的哟。假如是你已经了解的事，你可以边听边对比，看看哪里和你所了解的不一样。

如果这个方法对你也没用，还有最后一个方法，那就是一边在脑海中提问一边听。要提问就得动脑子，更得集中精神。这样做你自然会变得积极起来，无聊之类的感觉也就消失了，因为你可以从“在脑海中提问”中获得乐趣。

不仅仅是听讲话，做事也是同样的道理。积极地投入某件事情是摆脱无聊情绪的窍门，它能将无聊的事变得有趣。请你一定要试试看。

什么是成长？

我的身体倒是一点一点长大了。

人这种生物是会成长的。据说不仅身体会成长，精神会成长，人性也会成长。这是什么意思呢？不再像小孩子那样说任性的话，算是成长了吗？

试着这样来思考

成长就是不再以自我为中心

听到别人对你说“你真是长大了”，你会觉得很高兴吧，因为自己是感觉不到成长这件事的。但我想，你一定能感觉到有些事自己做得越来越好了。比如，以前做不到的事，现在你能做到了，或是打破了自己的纪录，这些都是你的成长。

啊，要是指“身体长大了”这层含义上的成长，你当然能理解。不过，“你真是长大了”这句话，一般都是指精神上或人性上的成长。

既然说到“成长”了，那就得比以前长大了，或是进步了才行，但我们不会说“精神长大了”这样的话。要是用“进步”这个词，我倒是觉得稍微能理解一些。可“在人性上的进步”指的应该不是“进化”吧?

“请你具体描述一下，你在什么时候感受到了自己的成长。”你有没有被问过这个问题?让我们以此为出发点来思考一下吧。和朋友吵完架，你承认自己也有错，郑重地向朋友道了歉；其实你自己也想要某件东西，但你还是忍住了，并把它让给了比你更小的孩子……成长是在这样的时刻吗？

我想，这些时刻都有一个共同点，那就是你不再以自我为中心了。精神指的是人的内心，如果你不再只考虑自己，而是开始为他人考虑，你是不是觉得内心变得更广阔了，同时还有种进步了的感觉？我认为，你能这样思考，就说明你成长了。

“长大成人”是什么意思？

我想当个大人，可是……

怎样才算长大成人呢？我感觉这不是光凭年龄就能判定的事。因为孩子中也有少年老成的人，大人中也有幼稚的人。但大人毕竟是这个世界的中流砥柱，或许当你成为中流砥柱的那一天，你就长大成人了。

小孩子
要早点睡觉。

试着这样来思考

大人就是关注更大范围内的事情的人

“长大成人”和“成长”是一回事吗？孩子长呀长呀，不就长成大人了吗？我觉得这其中还包含了一些其他的含义。什么是“大人”呢？与孩子相比，大人既要工作养家，又要承担一定的社会责任，更要对社会有所贡献。

大人做事，需要考虑如何让社会变得更好。也就是说，所谓“长大成人”，就是能考虑到社会层面的事情了。这样想对不对呢？如果是这样的话，那“社会”的含义就很重要了。

什么是“社会”呢？结合我的经验来说，社会是一个充满了各种问题的地方，为了使人们更容易生存，解决问题，消除不安定因素，我们必须做些事。

哎呀，能说出这样的话来就算是大人了吧？这个嘛，不管怎么说，如果有能力考虑社会层面的事情，你就已经加入大人的行列了，这么想应该没错。

而为了达到这个目的，你必须得熟知社会上发生的大事。阅读报纸什么的就不必说了，你还要同大家一起讨论发生在身边的问题，而不是只考虑自己的事。

因为“大人”这个词的意思，就是关注更大范围内的事情的人。

能够享受人生的方法是什么？

我是人猿泰山！

如果我们能像泰山一样在大自然中冒险，那每天都会过得既惊险又刺激吧。如果每天都这样度过，我们的人生应该会很快乐。没错，我们不只能在大自然中冒险，在家里也能冒险，只要我们常抱有对新事物的好奇心。

试着这样来思考

为了享受人生的乐趣，你正在进行冒险

要想享受人生的乐趣，可以试着每天都去冒险。因为冒险能让我们变得兴奋。出门去陌生的地方，与不可思议的事物相遇，体会每一次感动……

不过，最关键的一点是，我们最终必须好好地回到家里。

如果不这样做，我们很可能会遭遇危险。因此，我在这里说的冒险，并不意味着真正的冒险。就算你一直待在家里，也能进行冒险。你可以阅读以前从未读过的书，或是挑战自我，做一件全新的事。

所谓“冒险”就是这样。相反，如果你每天都重复做相同的事，会怎样呢？你不觉得这样的人生很无聊吗？我们为了不感到无聊而进行冒险是件好事哟。

如果是这个意思，那冒险中就不能只有轻松愉快，还得有一些小惊险和小刺激。

在不断的小惊险与小刺激中，偶尔会有放松的时刻，也会遇见让你非常感动的情景。就像游乐场的过山车一

样，有时突然向下俯冲，有时缓慢地向上攀爬，有时又用惊人的速度转圈。

我想人生的冒险也是这样。因此，如果你暂时遇到了困难，我也希望你能想办法去解决它。记住这一点：为了享受人生的乐趣，你正在进行冒险。

怎样才能在日常生活中发挥哲学的作用?

今天我要思考些什么呢?

哲学能改变你对这个世界的定义，因此，如果你每天都能运用哲学的思考方式，那么你对这个世界的定义就会每天更新。这是件非常令人兴奋的事，而且你的世界也会变得越来越丰富多彩。

试着这样来思考

哲学使每天都焕然一新

通过思考来改变人们对世界的看法，这就是哲学。如果我们在每天的日常生活中发挥哲学的作用，会变成什么样？那我们对世界的看法每天都会改变。这并不是说我们的想法每天都变个不停，而是说各种各样的想法不停碰撞，于是我们对世界的认识就自然而然发生了变化。

比如，今天我对手提包的含义进行了哲学思考，对我而言，手提包的含义就发生了一些变化。之前，我一直认为它只是一个装东西的物品，但现在我不这样想了，我认为手提包是“衣兜里放不下的自我”。这是因为，为了保持理想的自我形象，我有许多要随身携带的物品。不过，我将这些衣兜里放不下的物品都装在了手提包里。

这样一想，我感到手提包变得十分重要，于是第二天我就去买更适合自己的手提包了。我对这件事记忆犹新。就像是这样，如果我们每天都对某种事物进行哲学思考，那么我们每天的世界都会发生一些变化。换句话说，世界的含义就会更有深度，我们所生活的世界就会变得更加丰富多彩。

你也可以接连几天对同一件事进行哲学思考。这样一来，这件事每天都会具有全新的含义。一旦你想到了自己能接受的解释，就可以暂停，休息一下。因为过一段时间，你或许会再次开始思考这个问题的。

有没有一种可能，所有的事物都是这样？我们每天都在让世界变得焕然一新。像这样让每一天都比前一天更好，就是在日常生活中发挥哲学的作用吧。哲学能使我们的世界变得更好。

哲学有终点吗?

你现在满脑子都是为什么、为什么吧?

哲学就是提问题，那要是问题被回答出来了，哲学的使命就完成了吗？如果是这样，哲学迟早会走到终点吧？然而，只要这个世界上有谜题还未解开，我们就得不断地问下去。不，是我想不断地问下去。

试着这样来思考

哲学不是提问的学问，
而是不断问下去的学问

哲学就是提问题，没有次数限制，可以一直问。出于这层含义，哲学是没有终点的。你能想象问题全都消失了的情形吗？人们不再提问，所有的谜题都被解开了，无论是个人还是社会，都不再有任何问题。我实在是想象不出这样的状态。

再或者，即使还存在问题，但人们已经不再提问了，这样的话哲学或许会走到终点。不过，这种情形也很难想象啊。人们能做到不提问吗？即便制定出禁止提问的法律，但人们能忍得住吗？就算大家在外面装出不提问的样子，私下里肯定也会偷偷问的。

这是因为，提问是人类的本能，是精神层面的需求。历史上的许多国家都曾有过这样的时代：人们只能信奉特定的神明，不许说，更不许写统治者的坏话。

然而，一些人还是继续默默坚持自己的信仰，继续批判统治者。同样的道理，只要人还活着，就会不断地问下去，我是这样认为的。因为这个世界充满了谜题，而我知

道，提问能使我们更清醒地活着。

总有人问我，哲学的答案是终极答案吗？我并不这样想。无论你多么拼命地思考，你所想到的答案最多不过是当时的最佳答案。在得出答案的那一瞬间，你就又被问题包围了。要是出现了终极答案，哲学就走到终点了。哲学不是提问的学问，而是不断问下去的学问，这是有深刻含义的。

后记

每个读者，都是哲学家

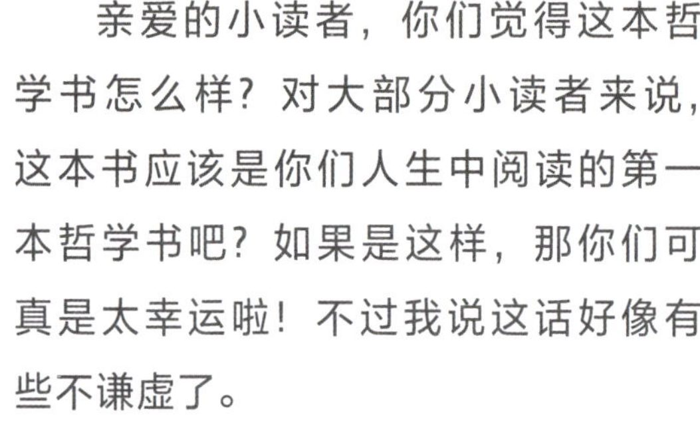

亲爱的小读者，你们觉得这本哲学书怎么样？对大部分小读者来说，这本书应该是你们人生中阅读的第一本哲学书吧？如果是这样，那你们可真是太幸运啦！不过我说这话好像有些不谦虚了。

这本书提出了许多问题，让你们来思考问题的答案。这本书虽然看似给出了答案，但没有明确地告诉你们“这就是答案”。这全都是学习哲学的理想条件——由提问来启发你们的思考，我给的答案顶多算是提示。

阅读完这本书，大家应该已经能用自己的头脑去思考了吧。而且从今往后，你们也能一直这样用哲学的方式思考问题。我说得对吗？

我认为，哲学书的作用就是让读者成为哲学家。为了达到这个目的，我就必须想法子让你们动脑筋。因此，你们中或许有人会这样想："哎呀，你就不能把答案写得更明确些吗？"

但要是这样的话就没意义了。先提问，然后列出清晰的答案，这样就和猜谜书没区别了呀。可无论你读多少本猜谜书，都无法成为哲学家。虽说如此，但读完这本书，也不代表大家就能变成以哲学为职业的哲学家哟。我想说的是，能好好运用哲学的人，一定会成为时常思考事物本质的人。

我相信，本书的所有读者都能顺利地成为这样的哲学家。虽然人生中充满了困难，但如果你运用哲学，就一定能克服它们。你们一定要努力啊！

比大家早了一点儿成为哲学家的

小川仁志敬上

未来，属于终身学习者

我们正在亲历前所未有的变革——互联网改变了信息传递的方式，指数级技术快速发展并颠覆商业世界，人工智能正在侵占越来越多的人类领地。

面对这些变化，我们需要问自己：未来需要什么样的人才？

答案是，成为终身学习者。终身学习意味着具备全面的知识结构、强大的逻辑思考能力和敏锐的感知力。这是一套能够在不断变化中随时重建、更新认知体系的能力。阅读，无疑是帮助我们整合这些能力的最佳途径。

在充满不确定性的时代，答案并不总是简单地出现在书本之中。“读万卷书”不仅要亲自阅读、广泛阅读，也需要我们深入探索好书的内部世界，让知识不再局限于书本之中。

湛庐阅读 App：与最聪明的人共同进化

我们现在推出全新的湛庐阅读 App，它将成为您在书本之外，践行终身学习的场所。

- 不用考虑“读什么”。这里汇集了湛庐所有纸质书、电子书、有声书和各种阅读服务。
- 可以学习“怎么读”。我们提供包括课程、精读班和讲书在内的全方位阅读解决方案。
- 谁来领读？您能最先了解到作者、译者、专家等大咖的前沿洞见，他们是高质量思想的源泉。
- 与谁共读？您将加入优秀的读者和终身学习者的行列，他们对阅读和学习具有持久的热情和源源不断的动力。

在湛庐阅读 App 首页，编辑为您精选了经典书目和优质音视频内容，每天早、中、晚更新，满足您不间断的阅读需求。

【特别专题】【主题书单】【人物特写】等原创专栏，提供专业、深度的解读和选书参考，回应社会议题，是您了解湛庐近千位重要作者思想的独家渠道。

在每本图书的详情页，您将通过深度导读栏目【专家视点】【深度访谈】和【书评】读懂、读透一本好书。

通过这个不设限的学习平台，您在任何时间、任何地点都能获得有价值的思想，并通过阅读实现终身学习。我们邀您共建一个与最聪明的人共同进化的社区，使其成为先进思想交汇的聚集地，这正是我们的使命和价值所在。

湛庐CHEERS

与最聪明的人共同进化

HERE COMES EVERYBODY

小学生就要懂的哲学⑤

比那些不合群的“独行侠”能合作

子どもテツガク

[日]小川仁志 著

梁玥 译

浙江教育出版社·杭州

与你一同在哲学世界中遨游的小伙伴

让我来向你介绍一些在本书中登场的小伙伴
（不是全部哦）

柚子妹
（水豚）

小爱
（狐猴）

山田小弟
（松鼠）

小鳄
（鳄鱼）

我不喜欢写作业，有什么
办法让我改变吗？
不过我很喜欢洗东西。

闹闹
（小浣熊）

鹳鹳
（鲸头鹳）

兔兔
（兔子）

虎儿
（老虎）

小哲

白雪
（北极熊）

羊羊妹
（羊驼）

目录

5 比那些不合群的“独行侠”能合作

5

比那些不合群的“独行侠”能合作

失败时怎样做才好？

糟糕！我失败了。如果不想个办法蒙混过关的话……

怎……怎么了？

只要是人，难免遭遇失败。也正因为我们都是普通人，所以，产生掩盖自己的失败的念头也不足为奇。在这样的时刻，如果我们能坦诚地面对自己的失败，就已经胜过许多人了。

试着这样来思考

失败时我们很难接受，但正因为如此，坦然面对才值得点赞

当你失败时，是不是有种“大势已去，无力回天”的感觉？然而，等到事后再回头看时，你会发现其实也没什么大不了。也就是说，我们没必要这么在意失败这件事。不过，人们似乎对失败过的事总是耿耿于怀。

对于当时的场景人们恨不得用橡皮擦掉。可这一点是不可能实现的，还是想一想失败后怎样好好面对吧。我们无法消除失败的可能性，但可以做好充分的准备面对失败。

你只需提醒自己那一刻要控制情绪，做出冷静的判断，不要让自己事后感到后悔就好。从忘记做作业、迟到，到考试没考好，全都应该这样提醒自己。错误本身是无可挽回的，但我们可以坦然承认。

这种时刻，能否深刻认识自己的失败，会让我们走上两条截然不同的道路。如果我们对失败认识不足，就可能走向更大的失败；如果对这一次失败认识深刻，那下一次就可能走向成功。这样说或许有些绝对，但认识到自己的

失败，至少能让我们正视不足，重新开始。

遇到失败，只要你能坦然面对，就很了不起，你也会因此受到别人的尊重。这种充满勇气的行为能使陷入低谷的你重新回归到正常的生活中来，甚至有可能使你变得更好。

人们说的“危机即机遇”是真的吗?

啊，我完蛋了!

当你遇到无法逃避的危机时，即使你觉得“这次我完蛋了”，说不定也还能找出解决办法。我想这一定是你拼命努力的结果。“机遇”是看到了你努力的样子，才出现在你面前的哟。

机遇在
哪儿？

机遇总藏在你看不见的地方

在我们的人生中，是危机多一点，还是机遇多一点呢？就我本人而言，我感觉危机更多，不过我总能努力想办法化解它们。这样一来，有时候我反而会因祸得福。

比如说，别人拜托我做的事我一点儿都没做，眼看马上要到截止日期了，我就会拼命去做，结果发现，原来只要集中精力一口气做下去，我就能很快完成这件事。有一次，我在演讲前弄丢了演讲稿，没办法，我只能绞尽脑汁地发表即兴演讲，结果竟广受好评。

这样说来，有很多谚语是表达“危机的后面总是紧随着机遇”这一意思的，像是“塞翁失马，焉知非福”“失败乃成功之母”，等等。

因此，我们必须具备抓住机遇的意识，同时睁大双眼仔细地寻找它。我想，只要你留意就一定能找到机遇。不过，即使找到了机遇，能不能快速地抓住它还是个未知数。这一切取决于你自己，取决于你是否能想办法化解危机。

这种时候发生的通常是突发事件，我们未必能立刻就想出好主意，我认为最好多尝试一些办法，试一试才知道。一定不要放弃，不要想“我已经扛不住了”，而要想“有再多困难我也不怕！”

我想，如果有一天你开始期待遇到危机，你就成长为生活中的强者了。

总在同一个地方“摔倒”是怎么一回事？

太糟糕了！

逐渐讨厌这样的自己……

如果你总是重复同样的错误，也会变得讨厌自己吧？不过，你可以把犯错想成是事态变得不可挽回前的警告，只要你好好反省，避免下次再犯就可以了。

这是还有希望的证明

你有没有重复犯过同样的错误？我常有这样的经历，每当这时我就会变得很讨厌自己。不过嘛，说一句听起来有点像是替自己开脱的话：人类这种生物天生就会重复犯错，这一点是毫无疑问的。

让我们来想一想，重复同样的错误有什么好处呢？比如说，你老是忘记伞放哪儿了，或是总忘记把重要的学校通知交给家长……如果这样的事反复出现，我认为，这是提醒你应该反省自己了，然后动脑子想一想怎么能不再犯。所以对于重复犯错这件事，重要的不是悔恨或苛责自己，而是通过反思避免下一次犯错。

如果你这样做之后还是会忘记，我想你就要再次反省自己，并想些别的法子来避免再次发生这种事。是的，每当人们遭遇失败后，都应当及时反省并设法避免自己再次犯错。我认为反省这种行为可以使人谦虚。

有的人过于追求完美，甚至不允许自己犯一些小错误，经历一些失败。但这样的人更要提高警惕，以免因为自视甚高而犯下大错。

重复犯错还有一种原因是在尝试创新，在动脑子做事。动脑子也很重要，它是推动人类进化的契机。因此，即使你觉得“啊，我又搞砸了”，也不必过于沮丧。因为这正说明你还有希望。

什么是束手无策？

我不行了，真的不行了。

当你说“不行了”的时候，是真的不行了吗？或许你的意思是身体吃不消了，但冷静下来想一想，你的头脑是不是还有再向前一步的可能性呢？因为人类的大脑潜力无限。

我都说过了，就是不行了！

冷静下来想一想，好像还没到束手无策的地步

我们有时会遇到这样的情况，考虑了很多但也没找到办法，或是做了很多尝试但全都行不通。这就是“束手无策”，也可以说是“无计可施”。用你的话来说，可能类似于“我不行了”的感觉。

啊，你说的“我不行了”或许是指“我好累”吧。其实大人也是这样的，感觉到累就想这样喊出来。从字面意义上来看，“我不行了”是指做了许多尝试，都不奏效。但实际上，很多人根本没做那么多尝试就这样说了。

这么一想，我们是不是不能随随便便地说出“我不行了”之类的话？因为我们还没有努力到极限。不过，我觉得如果是关系到身体状况的事，还是别太拼命为好，搞坏身体可就麻烦了。无论是学习还是运动，都没必要做到损害身体的程度，因为健康是第一位的。

但我认为我们可以尽情地将头脑使用到极限，用到“无计可施”为止。说心里话，我觉得人的大脑具有无限潜力，有时大脑会感到疲劳，这种时候休息一下就好了。

人类的思考能力是无穷无尽的，从这层含义上来说，或许压根就不存在什么无计可施的情况。每当你觉得“不行了”的时候，或许可以休息一下，然后再继续思考，直到找到方法为止。

危机越多，人生就越精彩？

请给我来一个危机。

人们很容易将危机想成令人讨厌的东西，但事实或许并非如此。因为危机能使你明白自己的能力上限在哪里，当你处理好危机后，还会非常有成就感。

我该如何是好？

试着这样来思考

危机使我们成长，让我们更加幸福

我们遇到的危机越多，烦心事就会越多。这是好事还是坏事呢？我认为这未必是坏事，因为烦恼通常都伴随着思考。我们为了化解危机，会尝试各种可能的办法。

像这样拼命努力寻求各种解决问题的途径时，实际上也是在挖掘自己的潜在能力，了解自己的能力上限在哪里。当然，这时候的自己处于拼命努力的状态，肯定是没那么从容的。不过，等处理好危机后再回顾，我们一定会发现自己有所成长。

进展顺利时，我们会发现自己能独当一面；进展没那么顺利时，那个能够努力想办法的自己也在熠熠生辉。像这样去了解自己的潜能、发现自己的成长不就是美好的人生吗？

此外，化解危机时的成就感可真是太棒了，那真是能让人感受到幸福的瞬间。幸福这种东西就像是空气一般的存在，我们通常看不到它，然而，在遭遇危机时我们会感到不幸，当我们化解危机时，由于这种不幸感消失了，随之而来的，就是幸福感。

这也是危机使我们的人生变得更精彩的一个原因。一帆风顺的人生看上去似乎很幸福，但难免会使人感到乏味。所以说，虽然我们没必要故意让自己陷入危机，但至少在我们不小心遇到危机时，可以不用那么沮丧。因为危机是美好人生的前兆呀。

战胜危机是指什么？

努力到这个地步，我应该能变得幸福了吧？

原……原来如此。

“只要战胜了危机，我之后就能高枕无忧地生活了。”你是不是这样想的？你错了，人生可不是一帆风顺的，危机会一个接着一个地出现。我们要学会在这条崎岖不平的道路上砥砺前行，因为这才是人生啊。

试着这样来思考

人生就是在崎岖不平的道路上砥砺前行

战胜危机后，你是不是松了一口气？是不是有种“这样我就可以幸福地度过一生了”的感觉？小说和电影里也是这样描绘的：主人公遭遇危机，但他们最终战胜了危机，从此过上了幸福的生活。

每当这时我都会想，这不过是个虚构的故事罢了，在现实中，事情是不会就这样结束的。即便你战胜了这次危机，还会再出现其他问题，下一个危机正等着你呢。就像是人们常说的“一波未平，一波又起”。

我们通常会将危机比作人生中的大山，但实际上我们所战胜的危机只是在崎岖不平的人生道路上迈过的小土包而已。如果不做好心理准备，即使你好不容易战胜了这次危机，再遇到新的危机时，还是容易一蹶不振。

我在前文中也写到过，人生就是一个危机接着一个危机，因此，我们必须正视危机。虽然大家都不喜欢崎岖不平的道路，但要是从一开始就做好心理建设，以享受挑战的心态向前冲，没准过程会出人意料地顺利，就像骑山地车登山那样！嘿哟！

此外，如果你将危机视为崎岖道路上的小土包，那么你在战胜一个接一个的危机时，就会有所保留，不会消耗自己的所有能量。因为你知道，你必须保存一些体力和精力，为解决下一个危机做准备。好了，让我们在山路上再骑一圈吧！

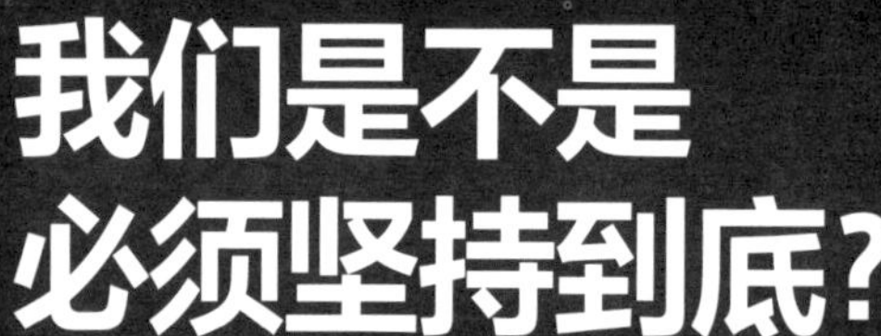

我们是不是必须坚持到底？

我绝对不放弃！

如果你陷在“我绝对不放弃”这种心态中无法自拔，会不会错过其他的好机会呢？俗话说“退一步海阔天空”。我认为放弃这件事并不代表认输了，而是说要懂得做出正确的选择。但是一定要在适当的时候哦。

爸爸一直在寻找外星人，
可是后来放弃了。
因为有一天，爸爸发现了星星
的美丽，后来就成了天文学家。

试着这样来思考

放弃是为了去开创新的人生

大人们总说，做事一定要坚持到底。我认为坚持的确很重要，但到了继续坚持下去却毫无意义的时刻，我也只能放弃。不，比起坚持到底，有些时候越早放弃越好。

因为我知道一条路已经行不通了，如果有别的好方法，倒不如早点改变主意。你不这样认为吗？什么，你说这样会显得自己很没用？如果你这样想就错了。不是有这样一句话吗，“退一步海阔天空”，我认为说得没错。这句话的意思不是鼓励我们放弃，而是说要学会在合适的时机放弃。这是因为，如果你知道自己迟早要放弃一件事，那么比起不合时宜的坚持，早点放弃才是明智的选择。

在投资领域里有一个术语叫作“止损”。假设你一直投资某家公司，目的是获取更多收益，但如果这家公司有一天无法再盈利了，这时你就得考虑放弃继续投资，及时收手，以免资金亏损更多。人生也是同样的道理，不是吗？或许你觉得，你已经在好不容易坚持下来的事情上花费了金钱、时间和精力，放弃的话就太可惜了。但如果这件事已看不到希望，那还是别再投入更多了，免得造成更大的损失。

而且，人生也不是只有一条路可走，我们的未来拥有多种多样的可能性。我也曾放弃过几条路，最后成为了一名哲学家。我认为放弃是为了去开创新的人生。不过，如果你从一开始就想着放弃，那可不行哟。

应急帮手是什么人？

有没有人能做我的应急帮手？

人们在人手突然不够或是自己的时间安排不开时，就需要找应急的帮手。不过，应急帮手也不是随便找个人就能当的。人们会根据不同的情况寻求合适的应急帮手。

去外婆家住的日子里，
我该怎么给花浇水呢……

试着这样来思考

我们都是另外某个人的应急帮手

你有没有被人拜托过当他的应急帮手？比如，活动凑不齐人数的时候，或是某人有急事要退出比赛的时候。这个词来源于棒球术语中的“pinch hitter”。在比赛的关键时刻，让之前没上过场的实力强大的击球手上场，挽回比赛局势。

这是因为，如果击球手在这时打出高分球，就可能取得逆转性胜利，但如果运气实在不好，也会轮到不擅长击球的投手来击球。

话说回来，日常生活中的应急帮手都是些什么样的人呢？我们被别人拜托当应急帮手时，也不都是需要取得逆转性胜利的情况呀？

比如，朋友有事要出门，拜托我来当他的应急帮手。在这种情况下，别提什么逆转性胜利了，我只不过是代替朋友看家而已，而且也没有谁是特别擅长看家的，你是不是觉得这种时候没必要特意用应急帮手来称呼？

不，对于急需找人帮忙看家的人而言，这种状况就是危机，应急帮手就是帮助他解决问题的人呀。所以说，在日常生活中，每个人都可能成为应急帮手。

当你遇到某个有困难的人时，假如你能帮助他，那对他而言你就是应急帮手，即使你打不出高分球。这样一想，在这个社会中，我们都可能是某个人的应急帮手呢，你当然也不例外。

为什么我有时能听到自己的心跳声？

我的心快要跳出来啦。

我们一紧张心就会怦怦跳，这是没办法的事，因为我们是人类啊。即使别人对我们说“你冷静点儿”，我们也很难做到。所以我想，我们只能好好利用一下这种兴奋的心情了。让我们拿出气势来面对挑战吧！

心之所以会紧张得怦怦跳，是因为面临挑战时的兴奋

考试即将开始或是百米赛跑前，我的心都会紧张得怦怦跳。你们也是这样吗？什么，你说这是由于我们的心跳加快了，但为什么心跳会加快呢？

是不是因为这是心认为我们必须努力了，所以它才会这么兴奋？听到这里，似乎感觉心怦怦跳不是件坏事，不过通常情况下我们还是不想这样，谁都想保持冷静，但我们也没法紧紧抓住自己的心，让它别跳了。

既然如此，我觉得就好好利用这种状态吧。此时我们的心处于兴奋状态，而当我们做运动或是面对任何其他挑战时，兴奋都是我们情绪最饱满、最有力量的状态。我认为，心之所以怦怦跳，从某种意义上来看，多半是因为面临挑战。

为了挑战成功，我们的身体自动调整到了兴奋状态。在汽车、摩托车的速度竞赛中，赛车手在驾驶前会让马达发出轰鸣声，就是那种“轰隆轰隆”的声音，这样就能充满气势地开始比赛。

你可以这样想，我们的心怦怦跳和赛车手让马达发出轰鸣声是同样的道理。怎么样？这样一想你是不是就明白了？这样你就不会想“我的心可不能一直怦怦跳”，而是想“我的心怦怦跳，我很有力量”。真是不可思议。

我们身体的一切反应都有它的含义，只要能够巧妙地利用它，你就是胜利者。让我们启动人生的马达，全速前进吧！

为什么英雄总是姗姗来迟？

让你久等啦！

一说起英雄我们就会想到下面的台词：“啊，有没有人能来救救我？”“我来了！久等了！”为什么我们总是感觉好不容易才能把英雄等来？也许正是因为如此，大家才称其为英雄，而且更加感谢他 / 她吧！

难道只有姗姗来迟的人
才被称为英雄？！

说到救人于水火之中，你一定会想到“英雄”这个词吧。不过，为什么英雄总是姗姗来迟呢？不能想想办法让他/她别迟到吗？要是在电影里，这种桥段还算有趣，但在现实中可是很令人头疼的。不，就算是在电影里，我也不喜欢使人焦虑的桥段，我想让英雄立刻出现。

那么，什么样的人能被称为英雄呢？举例来说，你的喉咙被噎住了，但手边没有水，这时，你身边的朋友说着“没事吧”，顺手递给你一瓶茶饮，这样的情况下你顶多说声“谢谢”就不再提了吧。我想你应该不至于称那个朋友为英雄吧。

然而，当你独自一人待着，突然喉咙噎住喘不上气，手边也没有水，就在你性命攸关的时刻，有个人送来水救了你的命，那他就成了你的英雄，无论这个人是谁。于是，你可能就会这样想：所谓“英雄”，就得是救人于命悬一线的危难之中的人，否则就不能称之为英雄。

难道说，出现得太及时的人，就算救了人也很难成为英雄？这就是英雄总是姗姗来迟的原因吗？如果这样想，你就会得出这样的结论：其实不是英雄故意迟到的，而是迟到的人才被人们称为英雄。

这样看来，如果你想成为英雄，似乎要稍晚些到场比较好？可我们救人于危难之中的目的，难道就是为了被人称为英雄、得到称赞吗？这样也太卑鄙了吧？其实，能这样想的你才是真正的英雄。

最后向我伸出援助之手的人是谁？

啊，谁都不能来吗？

我们经常会遇到这样的事，到了关键时刻，身边却没一个能帮忙的人。明明我还指望着谁能帮我一把呢。在这种时候帮助我们的，往往都是陌生人。因为看到有人陷入困境，大多数人都不会袖手旁观。

人生总有出路，陌生人也能帮上忙

我身边的亲朋好友总是说“需要帮忙的话随时告诉我”，但出人意料的是，当我真的需要帮助时，常常是陌生人向我伸出了援助之手。大概是因为大家都跟我抱有一样的想法吧：人生总会有出路的，所以即使是陌生人，我也愿意助其摆脱困境。我想正因如此，我才会有今天。

对于你而言，最后帮你的人是谁呢？比如说，你因为没带钱而无法乘坐电车，这时车站的工作人员应该会想办法帮你解决吧；或者是你在路边摔倒了，动弹不得，这时旁边的路人应该会帮你吧……是不是不同情况下有不同的陌生人帮助了你？这样的时刻就算你给朋友打电话，他们也会因为正忙或是距离太远而无法帮到你。

也就是说，最后帮助我们的人往往都是在偶然间同我们擦身而过的陌生人。所以即使那个被你当作依靠的人来不了，身边的陌生人也会帮助遇到了困难的你。

我们要避免让自己变成冷漠或者说空话的人。我身边有的人把这种“需要帮助时随时找我”的话当成客套话，说的时候并没当真。要是这样的话，不说也罢。因为这话会让我有所期待，而被拒绝时我就会产生强烈的无助感和失落感，好像这个世界突然只剩我一个人了似的。

所以陌生人之间的互帮互助也很重要，为了不让这套优秀的互助体系消失，我也得更多地去帮助他人。就这样，昨天我帮助了某个人，而今天某个人又帮助了陷入困境中的我。这样一来或许可以说，最后帮助我的人就是昨天的我自己啊。

什么是教训？

我们从失败中获得的东西就叫作“教训”。我不喜欢失败，但当我想到自己能从失败中有所收获，就略感宽慰。

教训就是人生的学费

失败不一定是坏事，我们从失败中可以收获平时学不到的东西。我们往往只会去学那些自己感兴趣的东西，我想正因为如此，学校才会教一些“我们不会主动去学，却很重要的技能”。

然而，即便是这样，也还是有些学校也教不了的东西，那就是伴随着身心痛苦的学习。学校里的学习必须在安全的前提下进行，因此学校不可能让你一边学习，一边感受着身体的痛苦。即使算错了数，你也不会感到疼痛；就算是体育锻炼，也是在保证你不受伤的前提下进行的。

不仅仅是身体，我们的心也会感到痛苦。但学校里的学习是经过精心设计的，不会让你时刻感到心痛。要是我们每天都挨骂，不停地心痛，那就不会有人去学校了。

但有时候我们也需要这样经历痛苦的学习经验。只有当你遇到真正的失败时才能体验到它。比方说，由于你给别人添了麻烦而遭到别人的厌恶，或是做了很危险的事导致自己受伤，等等。

多亏有这些经验，我们才能切身感悟到为人处世的道理，才会小心谨慎，以免再犯同样的错误。这就是所谓的“教训”。吸取了教训，我们才能成为更好的自己。

因此，教训就好比“人生的课程”，能避免我们在关键时刻出现重大失误。有的人在频繁遭遇失败时会说“我可真是付出了高昂的学费”之类的话，我认为正是如此。在英语中，“lesson”既有课程的意思，也有经验教训的含义，这就是最好的证明呀。

失败有什么规律吗？

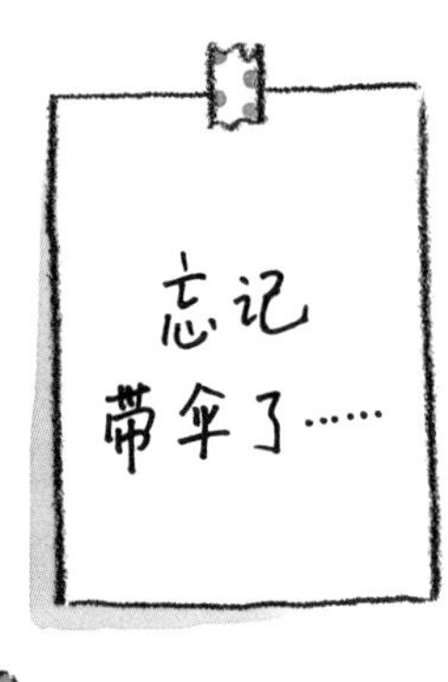

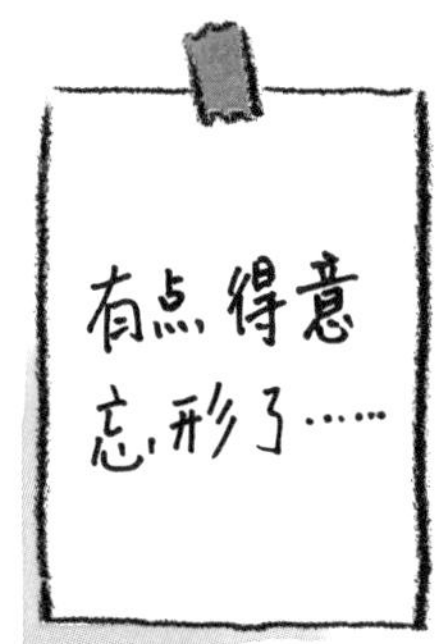

为什么我总是失败呢？

总是失败的人可以把自己的失败事件全都列出来，试着去找出它们的共同点，一定能够发现某种规律，类似于“我是因为做了这件事才失败的”。弄清楚了这一点，或许下一次就能成功了。

敷衍
了事
轻易
放弃
多嘴
多舌
我好像
有点明白了。
嗯嗯……

其实失败都是相似的

我经历过许多种失败。有时候是我没忍住，说了不该说的话；有时候是做事没有分寸，做过了头；有时候是我胡思乱想、杞人忧天；有时候是我不自量力，规划了太多要做的事，最后却完成不了……咦？难道说这些失败都有相似之处吗？

我自己曾认为这些是失败的不同原因，但像这样试着把它们列出来一分析，发现它们看起来又很相似，至少我觉得其中是有什么规律的。这些失败的共同点或许就是没有把握好尺度。

也就是说，无论做什么事都要适度，或许这样就能减少失败。你们的失败规律是什么呢？从一次失败中或许很难看清，但如果你将自己的多次失败都像这样列出来看，不就能看出规律来了吗？而且我想，这或许和人的性格有关。拿我来说，很明显就是把握不好尺度，往好了说是积极，往坏了说就是贪心。贪心的人总想做超出自己能力范围的事，所以容易失败。

我认为，如果你从多次失败中都难以找出规律，那就像这样，通过分析自己的性格试试看。

此外，我想任何人遇到的任何失败都有一个共同点，那就是没有重视细小的失误。哪怕一开始还算不上是失败，但若听之任之，多次细小的失误叠加在一起，就会导致最终的失败。这样的情况在我身上已经发生过许多次了。我想这也是失败的规律。请你一定要密切关注自己的小失误，善于总结失败的规律，能让你变得更好。

人生真的有起有落吗？

究竟要到什么时候
我才能走上人生巅峰呢？

人生既会遇到好事，也会遇到坏事，不可能一帆风顺。当你开始明白这一点时，会不会感到人生很艰辛？人生是一条不能回头、必须一走到底的路。

太棒了！

试着这样来思考

无论什么样的路
都是自己的人生之路

“喜忧参半”“祸兮福所倚，福兮祸所伏”“人生有起有落”，我想，这些话语你一定常听人说起或曾在书上见过吧？

不过，我总觉得人生中低谷更多些，偶尔才会有高峰。因此应该这样说才对吧：“人生多失落，偶尔登高峰。”要是说“人生有起有落”，会让人觉得经历过低谷之后一定有好事发生，但结果却没有，很容易让人空欢喜一场呀。

有人说，“有起有落”可以解释为人生十分艰难的意思。我觉得这样解释也有一定的道理。

那么，如果说走上人生巅峰太辛苦，那么人生净是平坦的道路就好吗？也不是。因为如果这样，就未免太乏味了。说到底，人越没什么，就越想要什么。我们讨厌低谷，但也讨厌净是平路带来的乏味。我觉得爬山太累，但如果接下来一路都是下坡路，即使它意味着能走得舒服，但我也还是会觉得这样没意思。

归根结底，无论是艰难的上坡路、好走的下坡路，还是平坦的大路，都各有各的坎坷和顺利。如果是这样，我们还是在自己选择的道路上勇往直前比较好，因为这是我们自己的人生之路。自从开始这样想，我就不那么在意路的形式了。

哲学家也会遇到危机吗？

你总是很冷静呀。

人们都说哲学家总是很冷静，即使遭遇危机，他们也能不慌不忙地想出化解的方法。

如果知道怎样化解，就不存在什么危机

哲学家的工作是直面烦恼并解决烦恼。比起遇到危机就找不到头绪、烦恼得原地打转的人，哲学家在面对危机时更冷静，因为哲学家知道自己一定能找到化解危机的方法。当人们明白某件事一定有办法解决时，也都会保持冷静吧？比方说，即便你上学忘带铅笔盒了，但只要你知道在寄存柜里还有备用的文具，那就不能算是危机。

所谓“危机”，是人们只有在一筹莫展时才能感觉到的。虽说如此，但哲学家也不是生来就能化解危机的，他们只不过是总有化解危机的自信。

你问我哲学家为什么那么有自信？那是因为他们知道化解危机的方法呀。他们确信，只要按照方法去做，就一定能化解危机。我觉得在哲学以外的事上也一样，在感到烦恼、为难时，只要你清楚地知道解决困难的方法，就不存在什么危机了。

你是不是觉得我说的话跟绕口令一样？千万别这样想哟，哲学可不是什么绕口令。最重要的是，面对困难要有应对办法。也就是说，你的内心要有所准备，要有即使出现最坏的情况也能有办法解决的底气。我想，这样一来危机就消失了，至少从你自己的心里消失了。

像哲学家一样思考

让 - 保罗 · 萨特的故事

让 - 保罗 · 萨特是法国哲学家，被誉为“20世纪最重要的哲学家之一”。他不仅是一名哲学家，同时也是才华横溢的剧作家、小说家和评论家。他因在各个领域的贡献而受到人们的敬仰。

但萨特绝不是个外表帅气的男人，他本人似乎也明白这一点。据说曾发生过这样的事，有人对他开玩笑说“你身边总是围绕着美人呢”，而他则回答道：“那是因为人们讨厌看到两个丑陋的人站在一起。”

我谢绝诺贝尔文学奖。

让 - 保罗 · 萨特

1905 年—1980 年

活动地区：法国

萨特是个很特别的人。他最广为人知的一件事是拒绝领取诺贝尔文学奖。1964 年，萨特因“那思想丰富、充满自由气息和真理精神的作品，对时代产生了深远的影响”，被授予诺贝尔文学奖。但他拒绝接受，且他一生都拒绝接受任何奖项。他说:“我不想在活着的时候成为权威。”据说他大部分时间都住在旅馆里，身上的钱只够当天生活所需。即使他收到稿费，也会拿来施舍有困难的人。

萨特被认为是当代法国思想发展史上一个里程碑式的人物。在数十年多领域的创作活动中，他完成了卷帙浩繁的哲学著作和文学作品。

他不满足于只有自己自由，为了使所有人都获得自由，他投身于反殖民运动中。他站在正义的一边，反对战争，积极从事社会活动，因此颇受敬仰。据说在萨特去世时，自发为他送葬的法国民众有 6 万人之多。

湛庐CHEERS

与最聪明的人共同进化

HERE COMES EVERYBODY

小学生就要懂的哲学④

比那些随大流的“跟屁虫”敢质疑

子どもテツガク

[日]小川仁志 著

梁玥 译

浙江教育出版社·杭州

与你一同在哲学世界中遨游的小伙伴

让我来向你介绍一些在本书中登场的小伙伴

（不是全部哦）

柚子妹
（水豚）

小爱
（狐猴）

山田小弟
（松鼠）

小鳄
（鳄鱼）

闹闹
（小浣熊）

鹳鹳
（鲸头鹳）

兔兔
（兔子）

虎儿
（老虎）

小哲

白雪
（北极熊）

羊羊妹
（羊驼）

目录

4 比那些随大流的“跟屁虫”敢质疑

4 比那些随大流的“跟屁虫”敢质疑

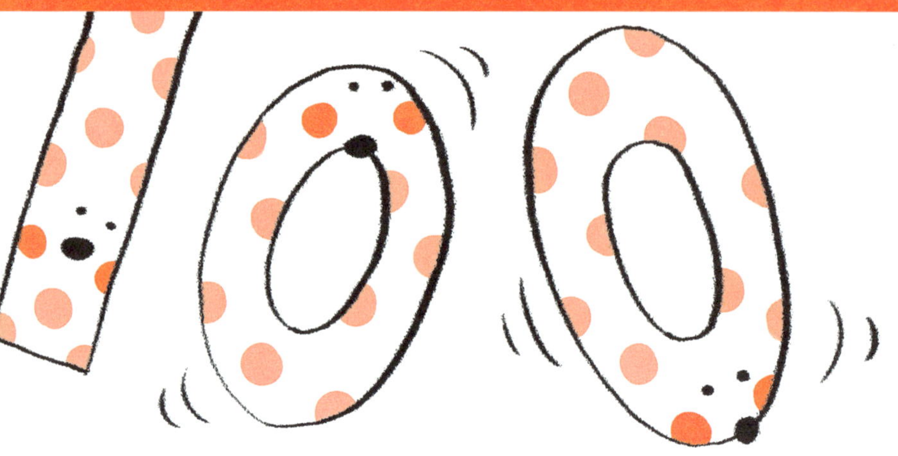

哲学真能让我变聪明？

我为什么总考不了一百分呢？

你一定想知道，有没有什么方法能让人变得更聪明？其实，接触哲学就可以。因为比起一般的思考，哲学的思考要更深入。如果你能更深入地去思考，就说明你变得更聪明了。

试着这样来思考

运用哲学思考问题
能让你变得更聪明

我想，人们都想变得更聪明。我们身边总会有那么几个“学霸”，他们能很快听懂老师讲的新知识，用同样的时间学习却能考出比别人更高的分数。

你可能会羡慕:“唉，为什么我和他们相差那么多?如果能变成他们那样，该有多好啊！”不过，“学霸”是天生就聪明的吗?是不是有什么秘诀，比如他们参加过能让人变聪明的特训?如果真的有，是不是我们也能去参加?

实际上，的确是有特训的，那就是哲学。你可别说“又是哲学啊”这样的话，因为哲学就是这么厉害。为什么进行哲学思考能让人变聪明呢?因为哲学能让你有广度、有深度地进行思考。

开动脑筋原本就是思考的过程。而思考本身就是从多种多样的角度看待事物，并进行归纳。哲学思考与普通思考的不同之处就在于，哲学思考是从更开阔的视角来看待问题，然后进行更深层次的归纳。

因此，当你运用哲学时，思考就变得更有广度和深度了。换句话说，一旦学习了哲学，你就变得更善于思考了。你看，哲学这项特训看起来是不是还挺不错？

其实我在开始运用哲学前，也不是很善于思考。因此后来我切身体会到了哲学带来的好处，我觉得自己变聪明了一些。啊，这可是我的小秘密，我怎么把它写在书上了呢……

我们必须学习吗？

我认为，有的同学之所以不喜欢学习，是因为觉得学习没意思，他们或是被家长强迫着去学习，或是不知道学习有什么用。不过，将来要想在社会中生存，就必须学会许多技能。这样想的话，能不能让你对学习这件事多一些自主性呢？

试着这样来思考

因为未来有诸多不确定性，所以要多学习

很多人都有这样的想法："我好讨厌学习呀！"大人总对我们说"去学这个""去学那个"，催促我们去学习。从我们进入小学，就一直过着这样的日子。

在小学里，我们要学习语文、数学、科学、英语等课程，还不算美术、体育等副课。学这些有什么用呢？

你想想，我们从学校毕业之后都要去工作，也就是说，学习是通向就业的必经之路。不过，你可能还是有疑惑：爸爸妈妈在工作中也不需要解数学题啊。

之所以这么说，是因为当你有不懂的问题去问他们时，他们总说自己已经把以前学的知识忘记了！很多文科的内容都需要背诵，可即使你背诵下来，好像也跟未来的工作没什么关系。所以你才会觉得，根本没必要这么用功地去学习。

然而，如果你什么都不学，那你将来该以什么为生呢？玩游戏？运动？可如果你在这些方面没有极高的本领，未来是无法从事相关工作的。而我们在学习中积累的

知识和培养的各种能力才是我们认识自己、迎接未来将要从事的工作的根基和阶梯。没有脚下踏实进取的每一步，何来通向未来的光明之路呢？而且，因为未来有诸多不确定性，还是得多多学习知识和本领才行呀。这样想的话，或许你就有学习的内在动力了。

遇到不感兴趣的事，该怎么办？

就算你对一件事并不那么感兴趣，但只要你试着去做，也会觉得很开心。其实你只是很难迈出最开始的那一步而已。要不然，你把它当成你感兴趣的事试试看？

我并不是很想钓鱼呀……

试着这样来思考

遇到不那么感兴趣的事，可以试着找出它和你感兴趣的事的相似点

朋友邀请我去钓鱼，但我拒绝了，因为我对钓鱼不感兴趣。于是朋友对我说："太遗憾了，钓鱼明明很有趣呀。"的确，既然有那么多人喜欢钓鱼，我也可以试试看，没准也会觉得有意思的。但我们对于不感兴趣的事，总是很难开始第一次尝试。

回忆一下我们是如何开始做自己感兴趣的事的。"啊，这看起来真有意思，我也想试试看。"这么想着开始做一件事，就是自然而然的了。

如果我们也用这种自然而然的方式去思考，是不是对所有事都能产生兴趣？比方说，我之所以喜欢网球，是因为球拍击中球时的感觉让我很痛快。那也就是说，我想体会痛快的感觉。和足球、棒球不同，我喜欢的是不断和球较量的感觉。

钓鱼又是怎么回事呢？也许是钓到鱼时，人们感觉很痛快吧。再加上钓鱼是人和鱼之间的较量，比起踢足球和打棒球来，更像是打网球。咦，怎么回事？这样想着，我

对钓鱼似乎有些兴趣了呢。

难道说，将不感兴趣的事套在自己感兴趣的事上，或许就能让人产生兴趣？我们对一件事感兴趣，应该是有内在的原因和逻辑的。试着把不感兴趣的事往里套，这样一来，或许原本不感兴趣的事也会变得让人感兴趣了呢。

有些人会挑食，我们不感兴趣的事就和一开始不爱吃的食物一样，等我们去尝试了之后，没准会出人意料地喜欢上它。让我们一起迈出第一步吧，对于我们不感兴趣的事，努力寻找它和我们感兴趣的事的相似之处，越多越好哟。

AI（人工智能）很可怕吗？

我才不想听什么机器人说的话呢。

如果 AI 像人类一样具备感情，世界会变成什么样？AI 一定比人类更聪明，那我们是不是只能做 AI 的奴隶了呢？其实这件事根本就不可能发生，因为人类的情感是无法模拟的。

AI 无法模拟人类的情感

你一定看过不少和 AI 有关的电影吧。电影里的 AI 好像都很厉害啊。AI 的确本领挺大，能以惊人的速度进行计算，还有能写小说、能画画的呢。

你是不是觉得这样的 AI 有些可怕，担心人类会被这些 AI 统治？或许这样想的人不只你一个。不过再想想，你会害怕电脑吗？电脑也能用惊人的速度进行计算，还能帮助我们做许多事，但大家却不害怕电脑，这是为什么呢？

是因为电脑不具备人类的外表吗？那请你将它想象成人的样子试试看，怎么样，可怕吗？是不是没那么可怕？它毕竟只是一种工具而已，只要按下开关就能使用，它会服从人的指令行动。

没错，这就是关键。或许人们一说起 AI，就觉得它不会服从人的指令，但实际上，它和电脑一样，只是一种工具罢了。这样想你就不害怕了吧？

只不过，如果有一天，AI 也具备了人类的情感，那样的话事态就不同了，也就是说，它是可以自己支配自己的。这种会思考、能自主行动的 AI 的确有些可怕呢。

然而，AI 真的能具备人类的情感吗？这样的话不就和人类一样了吗？人类的情感发自内心，只要我们一天没解开人心之谜，就不可能制造出具备人类情感的 AI。

那么，人心之谜真的无法解开吗？的确，人类身上还有无数谜题，说不定在不久的将来，你就是那个可以解开谜题的人哦！

什么是计算？

我又算错啦……

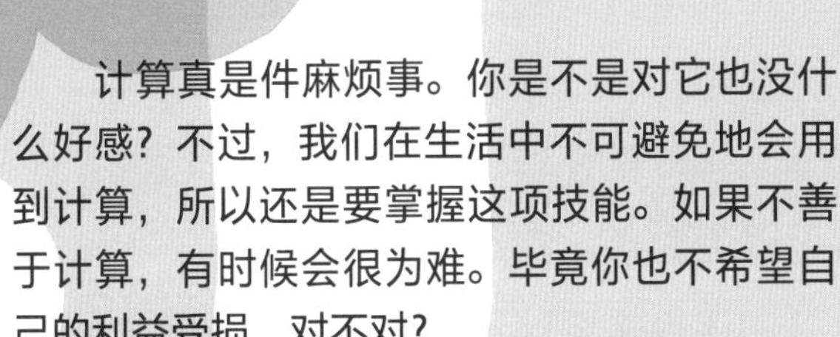

计算真是件麻烦事。你是不是对它也没什么好感？不过，我们在生活中不可避免地会用到计算，所以还是要掌握这项技能。如果不善于计算，有时候会很为难。毕竟你也不希望自己的利益受损，对不对？

试着这样来思考

计算能让每件事都一目了然

去商店买东西，38 元加上 47 元，再加上 52 元……一共是多少钱来着？计算真是太麻烦啦。数学课上还有运算过程更复杂的题呢。我一点儿都不喜欢计算。

但我们为什么必须学会计算？这个嘛，假设你要和别人平分一些物品，不计算清楚的话就无法做到分配公平，那就有可能导致争吵。我前面提到的买东西的例子也是这样，我们买了多少金额的东西，必须把相应的钱算清楚了再支付。

你可能会想，如果只是计算，我们彼此心里有数不就好了？假设我请你喝过几次果汁，你也回请了我几次，然后我仔细计算一番，对你说："由于我多请你喝了两次果汁，每次 10 元，所以你得还我 20 元。"你会怎么想？你不觉得有些别扭吗？珍贵的善意和友情好像也经过了计算似的。

计算还有一层意思是"谋划"。如果我们不好好谋划以后的事，有可能会遭遇失败。从这层含义来看，或许我们还是需要计算的。就像"神机妙算"这个成语暗示的意思一样，只要我们机智地进行谋划和准备，就能预测很多事情的发展形势。

说到最后，所谓“计算”，其实就是让事物清晰地显现出来。这样一想，你是不是也懂得了有些时候算清楚些更好？不过，什么时候该计算，什么时候不该计算，你可得好好“计算”一下哟。

工作是一件辛苦的事吗？

真想永远都当个小孩子呀。

工作好像是很辛苦的事啊。不过，事情总需要有人来做，实在有困难，可以请求别人的帮助。而且工作也有许多好处啊，不仅可以赚钱，还能体验到成就感。当你因工作出色而被别人赞扬时，是不是也会觉得很开心？

爸爸今天好忙呀！
妈妈着急开会，
一大早就出门了……

虽然工作很辛苦，但它能让你体会到生活的喜悦

你对自己今后的工作充满期待吗？什么，你说看到爸爸妈妈工作的样子，觉得很辛苦，所以不期待？这个嘛，倒也是实情。工作和玩耍不一样，不可能一直都是开心的。

你问我为什么工作不能一直开心？那是因为，工作是为他人提供服务，所以你无法随意按照自己喜欢的时间和方式去做。这样一来，就必然会有一些时刻，你会感觉自己在被强迫着工作。

帮助别人也是这样吧？为别人做些事，就是会有很辛苦的时候。什么，你说你不帮助别人不就可以了？如果人人都这样想，要是哪天你遇到了困难，谁来帮助你呢？

假设大家都不工作，例如谁都不去做医疗方面的工作，会怎么样？那么生病的人就无法得到治疗了，对不对？更何况你自己也会有生病的时候啊，那可怎么办？因此不工作是行不通的。

然而，被迫从事自己不喜欢的工作，的确很难受。其实，有时候我们不喜欢某种工作的原因是其难度较大。不过，如果能把困难的、不喜欢的工作完成得很出色，这样会不会更有成就感？你做了多少工作，就能得到相应的报酬，还能得到别人的感谢与尊重，这会令你感到“幸好我做了这项工作”。

尽管很辛苦，但人们仍坚持工作，就是因为我们想体会这样的感觉啊。能让我们体会到生活的喜悦的事有很多，而工作也是其中的一种。

什么是人际关系？

我不喜欢和那家伙打交道呀。

你不会和讨厌的人玩，是吧？然而，大人却不能这样做，因为这样一来工作就进行不下去了，因为我们不可能只跟合得来的人做同事。能与他人保持良好的人际关系，也是一种成熟的表现。

试着这样来思考

保持良好的人际关系，是即使与合不来的人，也保持交往

你常听大人说到“人际关系”吧？这个词就是指人与人之间的关系。你是不是感到似懂非懂？是因为我们都是人，所以彼此之间会有关系，还是说有种特别的关系就叫作“人际关系”呢？

对于小学生来说，人际关系就是指你和同学、朋友之间的关系。这就是很典型的人与人之间的关系，你和其他生物间的关系就不能用这种特定的称谓了。

比方说，你养了一只宠物，但你不会将你和它之间的关系称为“动物际”关系。因此，“人际关系”一定还是包含了什么特殊含义的。朋友们平时一起愉快地相处时气氛很融洽，一旦发生了点摩擦，气氛就会变得很尴尬。大人之间似乎也会发生这种事。这时，我们应该想办法修复人际关系。

对大人来说，工作中要和各种各样的人打交道，不可能只跟合得来的人做同事。因此，大人之间的人际关系就显得更重要了，人际关系处理不好，工作也不会很顺利。

这样看，大人可真辛苦。

或许你也可以从现在开始就练习一下如何建立良好的人际关系，在学校里尝试着和不同类型的同学交朋友。如果你的朋友越来越多，那就说明你在长大成人的路上又前进了一步。

什么是沟通能力?

我希望别人称赞我“沟通能力强”。

擅长说
俏皮话的人

称赞一个人“沟通能力强”，相当于在夸这个人很受欢迎。因为一个人沟通能力强，就说明他/她和周围的人能够友好相处。

总是笑脸相迎的人

试着这样来思考

沟通能力就是和大家共同完成一件事的能力

如果有人夸你沟通能力强，你是不是会觉得很高兴？因为沟通能力是现代社会很重要的一种能力。没想到吧？在社会上工作，最需要的既不是数学能力、英语能力，也不是运动能力，而是沟通能力哦。

步入社会后你会发现，沟通能力强的人总能找到好工作，能较快地在事业上取得成就。但奇怪的是，如果沟通能力这么重要，为什么在学校里没有开设和沟通有关的课程呢？

像英语，因为大家都觉得学好外语很重要，所以我们从小学就开始学习了。对了，近几年大家都觉得编程也很重要，所以学校里也开始教编程了哟。学校总是会开设各种课程，以培养学生的重要能力，却没有沟通这门课，这究竟是怎么一回事呢？

其实学校里是有这门课的哦，尽管它没有单独开设，但老师每天都在课堂上引导学生。也就是说，由于沟通能力太重要了，所以老师在每门课中都融入了举手发言、上台演讲、小组讨论等帮助我们提高沟通能力的环节。

在学校里，大家一起讨论问题或是分小组发言的机会是不是有很多？你可能无法和过去进行对比，但我可以告诉你，我小时候几乎没有这样的机会呢。

没错，所谓“沟通能力”，其实就是指大家能够一起商议、一起发言、一起活动的能力。由于有个性、有思想的人越来越多，所以能够促成大家共同完成一件事的能力也变得越来越重要了。

什么是道德标准？

那种事可以做吗？

道德其实是很难评判的，因为每个人都有不同的道德标准。不过我们可以来讨论一下什么是高尚的行为，这样有助于我们建立起自己的道德准则。我认为这比根据别人口中的“高尚”来决定自己的行为更好。

大家都是怎么想的呢？
唉，这也太难了吧！
我嘛……
我觉得可以这样想……

试着这样来思考

道德标准是大家一起思考、一起建立起来的

日本的学校有道德这门课，但说实话，我常能听到同学们抱怨，说不知道这门课到底在教些什么。上课内容有时候是介绍伟人的人生，有时候是围绕一个关于心理问题的小故事让大家思考。我们很清楚别的科目的学习内容，但对道德这门课不太了解，感觉它的学习内容不太明确。

不过，你一定知道良好的道德是很重要的，对吧？

是的，良好的道德是一种让人做出高尚行为的意识形态。我们阅读伟人的人生传记，不就是想将其高尚的行为当作榜样吗？比如，善良是一种高尚的行为；而霸凌别人则相反，大家都认为不应做这样的事。

社会公认的道德标准需要大家一起评判。评判对错的标准是因人而异的，有些人认为是好的，但有些人看来是坏的。人们的想法千奇百怪、各不相同，为了尽量不产生争执、友好相处，大家就需要一起来思考、建立道德标准。

因此，道德标准实际上不是用来学习的，而是需要人

们一起建立起来的。就算人与人之间千差万别，只要有道德标准，我们就能判断什么是高尚的行为，什么是卑劣的行为。当然，道德的标准因为是全社会共同思考和建立的标准，会随着时代发展变化，我们要用它来进行自我约束，努力成为一个道德高尚的人。

什么是正确?

一件事是否“正确”是由谁来判定的呢?

人们总把正确的饮食习惯、正确的口罩佩戴方法、正确的行为方式挂在嘴边，这些事全都有评判正确与否的标准吗？我觉得对的、好的方法就是正确的方法吧。

保持客观就是正确的

如果你和别人打架，老师和家长都会批评你吧？他们会让你去跟对方道歉。然而，我们在这种时候根本就不想道歉，因为我们觉得自己没错。要是对方先向我道歉，那我道个歉倒无所谓，可明明错的是对方，我为什么要先道歉？不过，要是你这样想的话，对方也会这么想，因为我们都认为自己是正确的。

向老师告状，老师通常会说双方都有错。明明我们俩都觉得自己是正确的，但老师却说我们俩都有错，这是怎么一回事呢？

我们之所以认为自己是正确的，是因为我们都觉得错在对方。因此，如果说双方真的都有错，那就相当于说我们俩都不正确。可我为什么会觉得自己是正确的呢？难道说“正确”是我自以为是吗？

这是因为，如果有一方做了错事，很明显错在做错事的人身上，那另一方就应该是正确的。也就是说，“正确”不是单方面存在的。而且，对做错事的人的惩罚是不是应该有相应的限度呢？我认为对做错事的人给予惩罚是正确的，但如果这个人只是犯了在墙上涂鸦这样的小错误就让他进监狱什么的，是不是也有些过了呢？

也就是说，所谓的“正确”不是单方面的，也不能没有限度，要尽量客观。如此说来，我们在和别人发生争执时，说的话、做的事要把握分寸、不能极端，这样才是正确的。嗯，我觉得我这个想法是客观的，是正确的！

人必须成功吗？

看我怎么登上人生高峰！

无论是谁都想获得成功。不过，如果一个人一心只追求成功会怎么样呢？那他的人生最终也许会有一个好结果，但过程却十分乏味。我可不想这样。我们应该把向着成功努力这件事当作一种享受。

重要的不是成功本身，而是通往成功的道路

人们常说“为了成功……”这句话，似乎只有成功才是唯一的目标。好像无论做什么——学习、运动，甚至参加文艺演出，所有的一切都是为了成功。明明是截然不同的事，最终目的却全都一样。

可是，我们学习的目标难道不是掌握知识，享受思考的快乐吗？运动也是因为能给我们带来快乐，我们才会去做的吧。文艺演出之类的就更不用说了，如果演出成功那当然很好，但我并不认为没有成功就毫无意义。

文艺演出需要大家齐心协力去完成，这应该会成为我们人生中一次很棒的经历——即使失败了，依然是一次很棒的经历。遗憾的泪水能让大家有所成长，收获良多，不是吗？啊，听起来这也是一种成功？那么，这种经历是不是能成为你美好的回忆呢？如果是的话，这已经足够有意义了，不是吗？

什么，你说人生不获得成功就没意义？不可否认，人生不能重来，就算拥有美好的回忆，最后如果过得很痛苦、很贫穷，那还是谁都不愿意的。

尽管如此，我还是觉得人生的过程更重要。假设在人生的最后一段日子里，你将获得一笔巨款，但在那以前你都要过着乏味的生活，你愿意吗？你会选择一生都被关在房间里，但最后能成为超级富豪的人生吗？

我想，我们大家一定都追求走上一条通往成功的道路。但人并不是非得成功不可，体会那种在通往成功的道路上前进的喜悦更重要。

将来我需要具备什么样的能力？

要学的东西太多了……

真是的，一天到晚净是要学的东西！你是不是希望有人能告诉你，到底学什么好呢？但这件事谁也帮不了你，因为没人知道将来会发生什么。换句话说，最好的办法就是做好准备，以便应对一切即将发生的状况。

培养自己无论发生什么事都能应对自如的能力

我想，谁都不知道自己将来需要具备什么样的能力，因为如今的时代充满了不确定性，你也常听人这样说吧？由于科技的飞速发展，新事物不断涌现，因此我们无法预测未来。过去可不是这样的，虽然那时候科技也在不断发展，但其发展趋势还是能够预测到的。

我小时候，可以预测到汽车和电车的时速会变得越来越快，电视屏幕会变得越来越大，游戏的场景则会变得越来越逼真。总而言之，那时谁都知道这些事物会怎样发展。然而，如今事物的发展趋势就不像过去那样容易预测了，不再是量变，而是连本质都改变了。汽车飞上了天，电视机变得智能，电子游戏直接将真实场景展现在我们眼前，真是让人眼花缭乱。

按这种情形发展下去，任谁都预测不到今后会发生什么样的事啊。而且事物发展的速度仍在不断加快，如果某天突然发生一些难以置信的事，你也别太过惊讶。

现在你是不是明白了我在前面所说的“谁都不知道自

己将来需要具备什么样的能力”这句话的意思?

不过，不管怎样，有一种能力是我们必须具备的，那就是无论发生什么事都应对自如的能力。

我们要具备即使置身于急剧变化的环境也能冷静应对的头脑。如果你问我:“怎样的头脑才能应对呢？”我会回答说“要能够运用哲学的头脑哟”，那么，你差不多应该明白哲学的重要性了吧?

将来我会从事什么职业呢？

如果是我想做的事，我有信心坚持下去。

准备洗手
吃饭啦！

你想坚持做下去的事就是你想做的事吧？如果在现有的职业里没有你想做的事，那就想一想怎样能将它变成一种职业吧。

试着这样来思考

让你做起来充满乐趣、心情愉悦的事就是你想做的事

你决定好将来做什么了吗？能做好这个决定的人真是了不起啊，因为一旦有了目标，接下来就要朝着它勇往直前。如果你还没有头绪，可以再好好想一想。这个问题思考起来自有一番趣味。

什么，思考自己将来要做什么没意思？有各种各样的职业可供你选择，多棒呀。即使在这些职业中没有你想做的，你也应该至少能说出一件你喜欢做的事吧？就是那种你做起来感到“啊，好开心”的事，或是感到“心情好舒畅”的事。

你是不是觉得我在说大话？如果你只喜欢玩或者睡觉，也能当作工作吗？

在小学里，我们学习的都是基础课程，但等上了大学，我们研究的对象就是多种多样的了。大学里，既有研究怎样玩耍的人，也有许多研究睡眠的人，你可以自由选择研究对象。

所以，将玩耍与睡觉这两件事当作工作也不是不可能

的。现在不是也有靠拍视频赚钱的人吗？或许你会觉得，总不会连靠睡觉赚钱的人都有吧，但的确有研究睡眠的科学家，还有制造寝具的商家，他们也需要试睡员呀。

我认为，一件事能不能成为一种职业，全看你的想法。因此，如果在现有的职业里没有你想做的事，那就试着自己创造一种职业出来吧！

哲学家
都是能言善辩的吗？

啊，我笨嘴笨舌的。

你一定遇到过无法顺畅地表达想法的情况吧。想说的话明明就在脑子里，但因为还没有组织好语言，所以我们无法立刻将它说出口。

这个……
那个……

比起语言，哲学更注重使用文字

的确有那种能言善辩的人，他们妙语连珠，雄辩起来能说服所有人。有许多担任大队委员和学生会主席的孩子都是这样的人，因为他们需要经常在众人面前发表讲话，而且必须让大家信服。

那么，哲学家是怎样的呢？据我所知，无论是历史上的哲学家还是现代的哲学家，哲学家没几个能言善辩的。拿历史上的哲学家来说，读过他们的传记或是逸事的人就能大致了解。而现代的哲学家呢，参加过他们的学术研讨会或听到过他们讲话的人，也能了解他们基本上都不善言辞这一点。

真是不可思议呀，哲学家明明让人感觉能够有条理地解释事物，而事实证明，即使熟知解释事物的丰富理论，也不一定能用流畅的语言将它们表达出来。

哲学需要深思熟虑，没必要早早地用语言表达，哲学家们甚至认为想什么说什么并不是件好事。

更重要的是，用文字书写和用语言表达有很大不同。

哲学家们擅长用文字书写，但未必擅长用语言表达。

不过也有例外。古希腊的哲学家苏格拉底没留下任何文字作品，却非常善于辩论。或许因为苏格拉底实在是太能言善辩了，之后的哲学家们都显得不善言辞了吧。

真正的哲学究竟是怎样的呢？期待你找到自己的答案。

哲学家都很聪明吗？

哲学家……
听起来很聪明的样子……

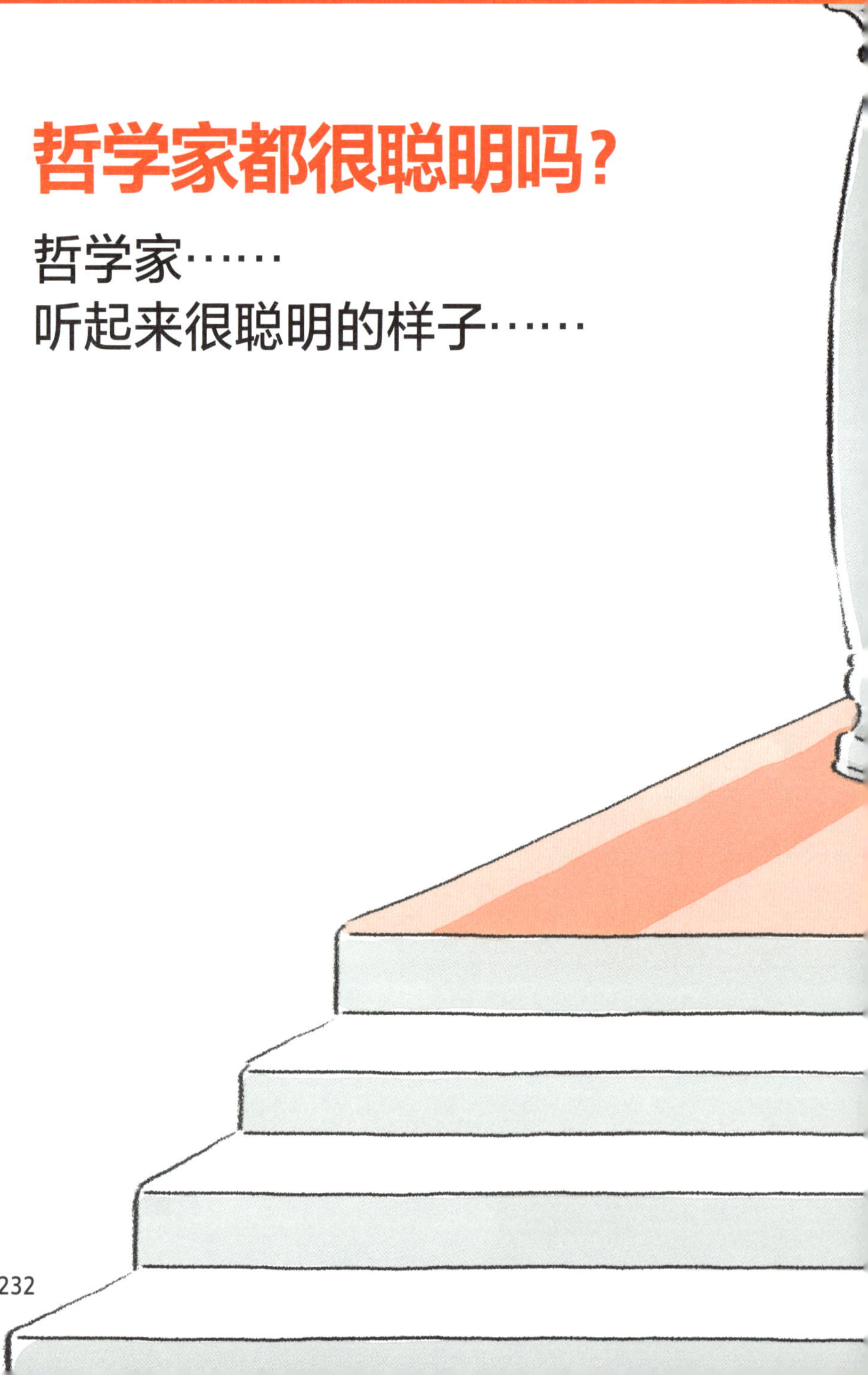

哲学家给人的印象的确很聪明。不过，谁都能自称是哲学家，所以我们不知道他们究竟是不是真的聪明。想要辨别一个人是不是真的哲学家，辨别的过程中也需要用到哲学。

试着这样来思考

真正的哲学家可是很聪明的哟

在前面我曾写过“哲学能让你变聪明”，不过关于哲学家是不是全都很聪明这一点，我们先不做讨论。因为成为哲学家既不需要资格证，也不需要认证，你也可以成为哲学家。什么，你感到很意外？这恐怕是因为你印象中的哲学家，是那种教授哲学的大学老师吧？

大学里的哲学老师并不能和哲学家画等号哟。听到这里，你是不是觉得有些糊涂了？大学里的哲学老师是研究哲学、教授哲学的人，所以他们是哲学学者，这一点毋庸置疑。确实，有些人会认为哲学学者就是哲学家。

然而，哲学学者并不等同于真正的哲学家。真正的哲学家是指那些运用哲学来思考的人。“哲学家”一词是从英语的“philosopher”翻译而来的，它的含义是“善于思考、不断求知的人”。

因此，我们是不是可以这样说，只要是不轻易放弃、善于思考、不断求知的人，就是哲学家？如果是这样，正在阅读本书的你，也能成为哲学家。

怎么样，我说的意思你明白了吗？并不是说哲学家头脑就一定聪明，不过，只要掌握了哲学，并运用它来思考，你就一定能变得更聪明，这一点我确信无疑。

总之，因为哲学家是不需要参加资格考试或认证的头衔，所以我们要辨别一个人是不是真正意义上的哲学家，可以运用哲学的思考方式。如果对方是真正的哲学家，我想他应该称得上是聪明人。

像哲学家一样思考

路德维希·维特根斯坦的故事

生于奥地利的哲学家路德维希·维特根斯坦，常被人评价为最伟大的哲学家之一，他的哲学思想在原创性方面无与伦比。他的老师伯特兰·罗素被称为20世纪最具影响力的思想家之一，而维特根斯坦的杰出，甚至令罗素都感叹其为天才。

与众不同的天才

路德维希·维特根斯坦

1889年—1951年

活动地区：英国

维特根斯坦出生于一个富可敌国的显赫家族，而维特根斯坦却把苦难当作成长的机遇。在第一次世界大战的战场上，他请求上级将他派到最危险的地方，还守住了一座常遭敌军攻击的瞭望塔。战争结束后，他退隐田园，成了一名小学教师。

在剑桥大学时，维特根斯坦的博士论文答辩委员会是由罗素、摩尔和魏斯曼这三位国际学术大师组成的，当时罗素希望摩尔能够对维特根斯坦提几个问题，而摩尔表示他并没有完全读懂维特根斯坦的论文，只能肯定其中大部分的论述是正确的，于是这次论文答辩很快就通过了。

后来，维特根斯坦在剑桥大学讲授自己的《逻辑哲学论》，但真正能读懂此书的人屈指可数。甚至罗素也承认，在读了几遍后，书中一些重要观点他仍无法完全理解。

维特根斯坦本人也曾经讲过自己的一个噩梦：人们无法理解他的思想，而他也无法将自己的思想解释清楚。

小学生就要懂的哲学③

比那些不爱表达的“胆小鬼”懂沟通

子どもテツガク

[日]小川仁志 著

梁玥 译

浙江教育出版社·杭州

与你一同在哲学世界中遨游的小伙伴

让我来向你介绍一些在本书中登场的小伙伴
（不是全部哦）

我的目标是成为温柔
而有力量的人！

柚子妹
（水豚）

我爱憎分明。
你喜欢这样的我吗？

小爱
（狐猴）

要是不用
写作业，
那该多好啊！

山田小弟
（松鼠）

我长得很可怕吗？
太伤我心了。

小鳄
（鳄鱼）

我不喜欢写作业，有什么
办法让我改变吗？
不过我很喜欢洗东西。

闹闹
（小浣熊）

我有时会被别人欺负，
不过我会用哲学来思考
这个问题哦。

鹳鹳
（鲸头鹳）

我喜欢说唱，
正在学吉他。

兔兔
（兔子）

我是个吃货，
总觉得肚子饿。

虎儿
（老虎）

我呀，是小川老
师的小助手。

小哲

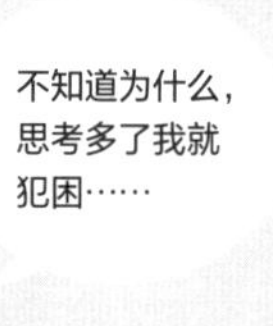

不知道为什么，
思考多了我就
犯困……

白雪
（北极熊）

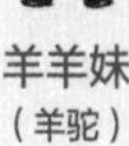

大家总是
围在我身边
抚摸我的毛，
有时候我也想
一个人待着呀

羊羊妹
（羊驼）

目录

3 比那些不爱表达的“胆小鬼”懂沟通

3

比那些不爱表达的“胆小鬼”懂沟通

什么是干劲？

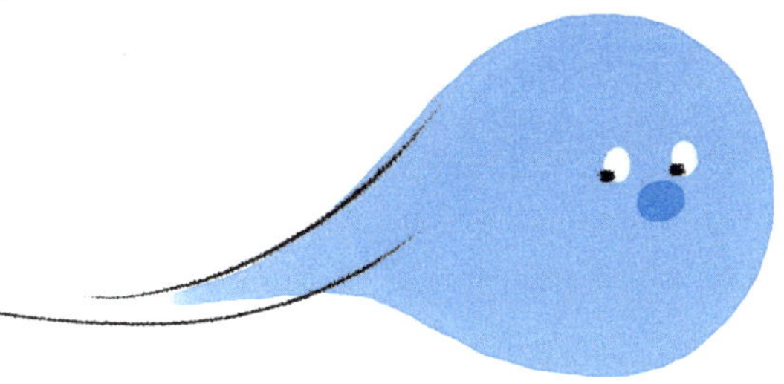

总觉得提不起干劲啊。

我们提不起干劲，是因为缺少精力。怎样才能提起干劲呢？要不你先吃饱饭试试看？这应该能让你稍微有些干劲吧，因为食物是精力之源。

试着这样来思考

用能给自己打气的精神力量为自己加油

所谓“干劲”，就是能让人充满动力的精神力量。人们常常说这样的话:“我今天比昨天有精神。”“我突然打不起精神来了。”为什么人的干劲会发生变化呢？肚子饿时就打不起精神，吃饱了饭就精力充沛。饭食是干劲的来源吗?

能让我们提起干劲的不仅仅是饭食。举例来说，我们遇到糟糕的事情时会无精打采，遇到开心的事情时会充满干劲；我们挨骂时会无精打采，得到表扬时会充满干劲。这其实和吃饭的道理是一样的，鼓励性的语言能给予人干劲，这种语言就是我们的精神食粮。

提不起精神头儿时，我们就需要一些能让我们提起干劲的“饭食”。物质食粮可以，精神食粮也可以。

我想，当这些精神力量注入我们身体的某个部位，充满我们的身体时，我们就会变得精力充沛了吧。

那精神力量究竟是注入我们身体的哪个部位了呢?是胃吗？是心吗？还是全身？我想，一定是全身吧。我认为精神力量一定是充满了我们的整个身体，才使我们干劲满满。

干劲很重要。这是不言而喻的，不论我们做什么，都需要精神力量。记得用能给自己打气的精神力量为自己加油哦！

什么是沮丧？

我们之所以会感到失望，正是因为我们曾经抱有期待。而期待不正是因为我们曾经付出了努力吗？所以，你不必因为失望而消沉，只要继续努力就好了。

唉……我很失望。

试着这样来思考

沮丧就是当你膨胀的期待被人否定时那种无力的感觉

当事情进展不顺利时，我们会感到泄气。不过，究竟是哪里在泄气呢？说到泄气，我们脑海中就会浮现出这样的画面，某个圆形的物体“扑哧”一声漏了气，就像气球一样。

不过气球泄了气，会整个缩成小小的一团。而当我感到沮丧时，我感觉我的精神力量的一部分会突然消失，类似于无力感吧。这会让我的内心不太好受。

当我做了一件我自己认为很好的事，但周围人对此的评价却很低时，我就会感到沮丧。关键点在于“我自己认为很好”。我自认为我会受到他人的赞扬，因此不断自我膨胀，然而却被他人否定了。

我们可以控制情绪的膨胀，这一点没问题，但我们无法控制期待的膨胀，我们每个人都活在希望里。人们总觉得，无论什么事，只要拼命去做就能进展顺利，就会有好结果。这样想的话，沮丧没准是件好事呢，因为它至少证明了你曾这样努力过。我们不努力时，情绪和期待都不会膨胀，所以也不会感到沮丧。再者，“人生不如意事十之八九”，这是再正常不过的事了，我们无法掌控一切。

因此，即使我们偶尔感到沮丧也没关系，把它当成努力过的证明就好。泄了气的气球，只要再将它吹鼓就好了呀。

我为什么会流泪？

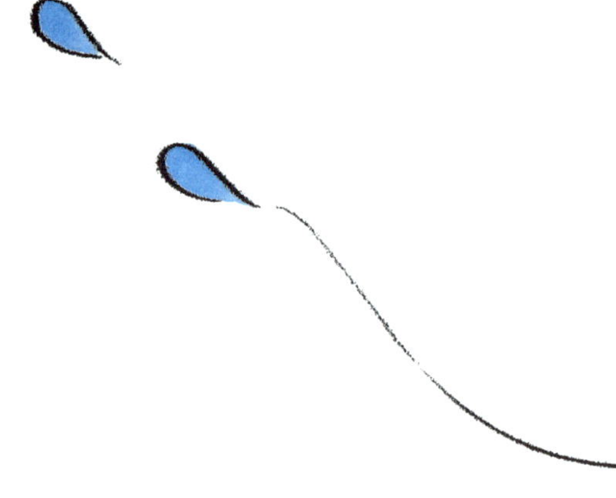

我明明不想哭的，但眼泪却自己流出来了。

在别人面前流眼泪是不是不太好？不过，流完眼泪，心里会感到轻松很多，这是很好的调节方式。无论是伤心时的眼泪，还是开心时的眼泪，都是好东西。我认为，为了保护自己，我们需要眼泪的过滤。

眼泪让世界变得更清晰

我们在伤心时会哭泣，开心时也会哭泣。明明是完全相反的两件事，却导致了相同的结果，这真是太奇怪了。不过这两件事有一个共同点，那就是我们在伤心时和开心时，都有心脏受到挤压的感觉。伤心时，我们的心就像是被谁紧紧攥住一般；开心时，我们的心就像是被谁紧紧抱住一般。

是因为我们的心受到挤压，才会流眼泪的吧，就像我们的心里装满了眼泪一样。

在伤心时与开心时流出泪水，我们的心就会感到舒畅，感觉好像是装满整颗心的液体都排空了。大人常对孩子说“不许哭”之类的话，但实际上，偶尔流眼泪或许是件好事，毕竟这样做会使我们的心情更舒畅。

而且，流眼泪会让这个世界看起来朦朦胧胧的。这是当然的呀，因为在你眼前罩着一层眼泪。

这有什么意义呢？

或许是故意不让你看清真正的世界？确实，我们在伤心时不想看清楚这个世界。开心时倒是想看清楚，但朦胧的世界看起来也很美，不是吗？眼睛里有液体比较好，而将眼泪痛快地流出来是最好的。

为什么我的心情时好时坏？

心烦意乱

哎呀，我真是被耍得团团转……

为了一点小事，我们就会被自己的心情耍得团团转，心情时好时坏，这种滋味真不好受。不过，这正说明我们在感情上很敏感。这是件坏事吗？我想应该不是，要是我们在感情上很迟钝，可能会伤害到自己呢。

满怀期待
低声啜泣

试着这样来思考

因为有了感情作为缓冲垫，我们才能保护好心里的内核

你明白什么是心情时好时坏吗？比如因为一点小事就高兴得飞上了天，又因为一点小事就难过得好像摔在了地上。其实我们没必要太在意，被自己的心情耍得团团转，不累吗？

如果我们的情绪能再稳定些就好了，然而这并非易事。为什么呢？因为我们是有感情的人。所谓“感情”，就是像软垫那样一团一团的东西，而不是像硬积木那样一块一块的东西。这些软垫是用来减缓外部事物的冲击的。真没想到，我会把这种感觉比喻成“垫子”。

这些垫子的存在，减缓了外界的冲击，守护了我们内部重要的东西。那“我们内部重要的东西”又指什么呢？当然是我们的心喽。不，从广义上来说感情也是心的一部分。所以，我还是称它为“心里的内核”更恰当。

说得更加通俗易懂些，我们是为了守护自己，才把感情作为缓冲垫。在遇到坏事时，感情缓冲垫会承受这些坏事，使我们感到沮丧、悲伤、愤怒。

多亏有感情缓冲垫，我们才能保护好自己。如果没有它，这些坏事就会对我们心里的内核造成直接伤害。心里的内核十分脆弱，所以这个感情缓冲垫是我们自我保护的好帮手。

也正是这个感情缓冲垫使我们的心情时好时坏。从某种意义上来说，这是它正在努力工作的证明。

为什么人们总说“睡一觉就好了”？

遇到糟糕的事，我们都想睡一觉，因为睡一觉起来心情可能会好一点儿。当一觉醒来，我们会有种改头换面的感觉，没准我们真的会成为全新的自己呢。

不管了，我躺下睡啦。

试着这样来思考

每当睡一觉起来，你都会“重生”为全新的自己

我们生气时，总喜欢把全身都缩进被子里。因为我们想睡上一觉，忘记生气的事。不过，为什么睡一觉就能忘记烦心事呢？难道是睡着的时候，记忆会被改写吗？

随着时间的流逝，我们的记忆确实会变模糊，这倒是真的。比如，早上起床时发生的事，到了晚上你也记得，尽管从早到晚也算是不短的时间了。但接着你睡了一觉，到了第二天，你的记忆就会变模糊。

难道是因为我们睡觉时做梦了吗？梦里的世界与现实世界截然不同，梦里的我们常常过着和现实中不一样的生活。可是人们又常说，“日有所思，夜有所梦”，这又怎么解释呢？

但是，这件事重要吗？在我们清醒时，如果改变一下心情、换个新思路，也能忘记不好的事，但这还是比不上睡一觉的效果。也许每当我们睡觉时，就是在“重生”？

从医学角度出发，或许还有别的解释，但从哲学角度出发，我支持这个说法。这正是哲学的有趣之处，因为哲

学能让人有新的发现。是这样的，我们“重生”了，就这样想。这样一来就说得通了。

这是因为，我们“重生”后，记忆也被更新了，所以当然会遗忘之前的事。我们可以这样想，睡觉能让我们保留更多更好的记忆。好吧，为了忘记那些烦心事，今天我们也要好好睡觉！

为什么人们总说“交给时间去解决”？

想把烦恼都抛到脑后，却又做不到……

人们常说，时间能解决令我们感到束手无策的问题。“交给时间去解决吧”，是这样说的吧？不过，我觉得什么都不做的话，问题并不会自动解决。所以还是做些新的尝试比较好。

试着这样来思考

新的尝试能使我们内心变得强大

在生活中，我们总会碰到令人束手无策的事。虽然内心苦闷，却又无计可施，或是虽然后悔万分，却已无法挽回。在这种时候，人们常说“交给时间去解决吧”。每当听到这种说法，你会不会想大声反驳：“别再说这样的傻话啦！”

在这种时候，我们怎么可能相信这种话呀？毕竟，被折磨得痛苦不堪的人是自己呀！你甚至还想质疑：“这位‘时间大师’真的存在吗？”如果真的存在，那我倒真想拜托他来帮我解决烦恼。我不相信时间能帮我解决什么问题，那只是在不安中焦急地等待罢了。

当然，“交给时间去解决”也可能指随着时光流逝，我们的心会慢慢平静下来。也就是时间久了，记忆会变模糊的意思吧？

不，我觉得不仅仅是这样。时间一点一点地过去，与此同时，生活中的我们每天都要进行很多新的尝试，所以也会取得很多新的经验。这才是最重要的。如果我们什么都不做，只是等待时间过去，那我们的思绪就会一直困在过往的事情里。

我们所有人都是通过新的尝试，一点一点强大内心的。我们也会遇到奋力拼搏的人，并被他们的精神所感染，逐渐了解世间的规律，明白过去的事无法挽回，从而得以释怀。所以实际上时间并不能帮我们解决烦心事，而是我们必须进行新的尝试来获得新的经验，这样才能解决问题。

为什么有人爱说别人的坏话？

哎呀，如果我没说那句话就好了。

我既不喜欢听别人说我的坏话，也不喜欢说别人的坏话。但我有时也会控制不住自己，如果没管住自己的嘴，说了别人的坏话，事后我们要向那个人道歉，说一声“对不起”。

试着这样来思考

说别人坏话的人是为了保护自己

我既不喜欢听别人说我的坏话，也不喜欢说别人的坏话。说完别人的坏话后，我总会感到后悔。要是能管住自己的嘴就好了，可有时我就是管不住，让心底的恶意小萌芽探出了头。

是这样的，当你心底的恶意萌发时，就会说别人的坏话。我们每个人都有不好的一面，或者说，我们都有不好的时刻。这时我们说说别人的坏话，心里似乎会觉得痛快一些。这或许是因为在我们的心里埋藏着某种不满的情绪。

打个比方，有些人可能会觉得到处说“那个孩子就会装好孩子”“那家伙太抠门了”什么的，别人对那个人的印象就会变差，而对他们的印象就会变好。这样的想法和做法其实证明了他们过得并不好，否则，就没必要想着去转变别人对他们的印象了。

换句话说，如果能在不给别人的形象抹黑的前提下，转变别人对自己的印象，就说明自己具备打造好个人形象的能力。而说别人坏话的人，正说明当时的个人形象打造失败。因为他们已经改变不了自己了，所以只能通过给别人的形象抹黑这种恶劣手段，来突出自己的形象。

我们心里也清楚，这样做一点儿都不帅气，所以在说完别人的坏话后，我们自己的情绪也会变得很糟糕。如果我们真的一时失控而做出了这样的举动，那就赶紧去道歉吧，对别人说声“对不起”。我想这是最好的补救措施，对方肯定会原谅你的，因为我们都曾面对过这样的时刻。

什么是受伤？

你竟然说这样的话，太过分了！

我们在说话办事方面，必须懂得换位思考，因为人心是很容易受伤的。不论是谁，当一直支撑自己的信念被别人打击时，都可能崩溃，甚至无法振作起来。

试着这样来思考

受伤意味着内心的基石崩塌了

如果别人对我们说了过分的话，我们就会受伤。哪里受伤了呢？当然是我们的心呀。心很脆弱，因此当别人说过分的话时，它就会感到疼痛。当然了，什么样的话会对人造成伤害，也是因人而异的。

对我而言，如果别人说了贬损我人格的话，我会受伤。那可是人格呀，很重要的。我能接受别人否定我的观点，不接受也没办法不是？一千个人就有一千种观点，因此就算有人说我的观点不对，我也只要和他讨论一下哪里不对就可以了。

但人格指的是一个人独特的心身组织，也就是一个人被认同为人的最基础的东西。因此，如果有人说我的人格有问题，我内心的基石可能会崩塌，这和说我的存在就是个错误没区别。

我想这是我感觉自己被别人否定了的缘故。如果有人说讨厌你的长相，你也会感到束手无策吧？因为长相是很难改变的。

即便是一些小事，也可能会使我们受伤。这些小事积累到一定程度，我们内心的基石就会崩塌，并且很难重建。我们的心受了伤，是很难治愈的，甚至还会留下永久的伤疤。有一个词是专门用来形容这种情况的，叫作“心理创伤”。如果走到那一步就很难补救了，所以我们平时就要注意自己的言行，不要彼此伤害。

今天挨骂了，我该怎么办？

啊……我怎么会做出那种事来呢！

我们在被批评时明白自己做错了事，所以会感到难堪，甚至变得讨厌自己。试着和那个做错事的自己和解吧，争取以后不再犯相同的错误就好了。

试着这样来思考

挨骂了的当天，试着同自己和解

我们在挨骂时会感到生气，不是对责备我们的人，而是对自己。是啊，因为我们也知道自己做错了事，也曾问过自己：我这样做是不是不对？尽管这个念头只是一闪而过。

得意忘形时，什么事都不放在眼里，结果干了蠢事，因而受到责备。这时候，我们的心情会变得很糟糕，因为自己做错了事而感到羞愧不已。

所以我们只能低下头，说句“对不起”。有时我们也会争辩说“我也是没办法呀”，但别人会说这是借口。的确如此，我们做了错事，总有各种各样的理由，但这些理由都是借口，其实我们自己也很清楚这一点。

其实，挨了骂，我们可以做些别的事来转换一下心情，不过，得先和做错了事的自己和解才行。我想，我们也可以将和解这件事称为“反省”。我们在承认错误时，也会说“我正在反省”，但真正的反省是需要经过内心反复的思想活动才能完成的。我们要再次回顾自己做的错事，自问当时为什么会这样做。

反省之所以重要，是因为我们需要避免再次犯同样的错误。如果再因为同样的错误挨骂，那我们会更加懊恼的。对了，同自己彻底和解后，别忘了对责备我们的人说一句“谢谢”哟，当然，在心里说就可以了。

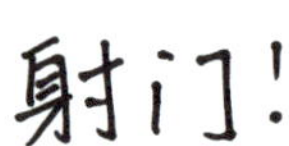

感到失望时，我该怎么办？

啊……太遗憾了……

我们因为有所期待，所以才会失望。不过，失败了也没事，下次还有机会呢。我们谁都不想以失望来作为一件事的结尾，所以继续努力吧！希望我们最后可以大喊：“太棒啦！”

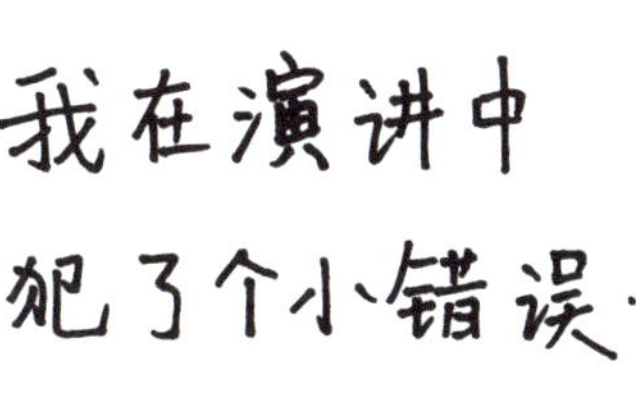

听说因为下雨，
露营活动取消了……

试着这样来思考

失败后感到失望的人，是打算继续努力的人

失望和沮丧相似，但又不同。我认为失望没沮丧那么严重，它不会让人过于烦恼。当我们期待的某件事没达到预期，我们就会感到失望。不过这种期待落空不会像沮丧那么严重地影响情绪。

因此，当我们感到失望时，最多也就是觉得“啊，太遗憾了”，不会过于难受。所以，我们振作起来也会比较快，想想“嘿，没什么大不了”，就又有干劲了。我们也会暗暗对自己说“下次继续努力吧”。没错，因为还有下一次机会，所以我们的失望情绪没一会儿就过去了。

比方说，我们觉得自己会把握住某个机会，结果却没有，就会感到失望。如果你抱着必然能成功把握住某个机会的期望，或这是一次绝无仅有的机会，那么你失败后有可能会感到沮丧。但是，凡事无绝对，人生总会不断地遇到一些新的机会嘛。

就算没有新的机会，我们也可以在别的事上继续努力。我想，能这样想的人就不会经常感到沮丧，失败了顶

多失望一会儿就好了，接下来他会一次又一次地努力。没错，失败后感到失望的人是打算继续努力的人。

努力是为了向某件事发起挑战。但即使挑战了，也未必会出现期待的结果，因此有时我们难免失望。但如果我们继续努力，重整旗鼓，总有一天会获得成功。失望一定是成功的前兆。你可以这样想，如果你接连失望了几次，那说不定就离成功不远了。

为什么
我的心情每天都不一样？

有人这样对我说：“你今天看上去心情不错嘛。”

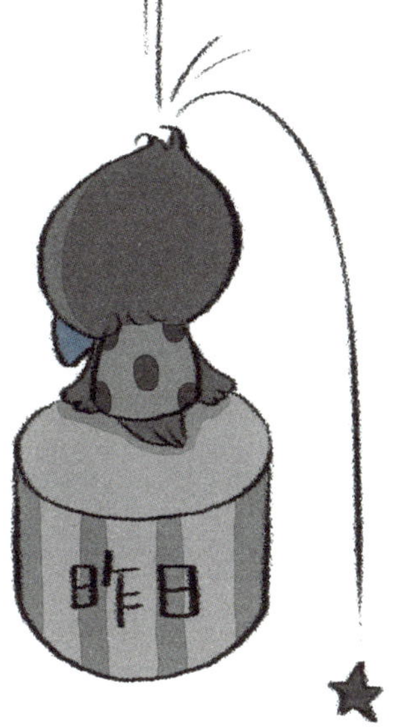

我们的心情有时好、有时坏，每天都有变化。因为每天遇到的事情都不一样，所以我们的心情也不一样。今天有好事发生，我就开心；今天有坏事发生，我就难过。心情的好与坏，只有到了“当天”才知道。

试着这样来思考

我们总以为自己是命运的主宰

我们的心情可能每天都不一样。比如，我们都有这样的时候：昨天得到了表扬，所以心情很好；但今天的考试没考好，所以心情很糟。

我们每天都会遇到很多事，随着遇到的事情不同，我们的心情也会有所变化。不过，一整天不可能只发生一件事，所以最能影响我们心情的，是一天中遇到的所有事中对我们来说最重大的那件，或者是一天中所有事的总和，再或者，不仅有一天中的事，或许还有与过去、将来都有关联的事。

那么，如果每天发生的事都一模一样，我们会感觉如何呢？我们的心情就不会每天变化了吧？你说这种情况是不可能发生的？不，你要是在无人岛上，每天都过着相同的生活，那还是有可能的吧。

不过，我总觉得即便是那样，我们每天的心情也会有所不同，至少每天的天气都不一样。而且每度过一天，我们就会长大一点，心智也会成熟一点，所以每天的心情都保持一模一样仍然是怎么都不可能办到的。

我们身处不断变化的环境中，随着时间的转变，每天都会变换不同的心情，这是必然的。这一点让人切实地感叹，我们总以为自己是命运的主宰，其实我们都是命运手中的棋子。

做什么都提不起劲时，我该怎么办？

今天就算了，下次再说吧。

谁都有过这样的时候吧，不管做什么都提不起劲来，脑子再怎么想都没用。所以，想要努力也需要好身体来执行。只有让身体充满活力，再让身体带动情绪，我们才能提起劲来。

试着这样来思考

提不起劲时，
就想办法激活我们的身体吧

你也曾经历过什么都不想做的时刻吧？学习就不用说了，就连和朋友玩都觉得麻烦。严重时，连独自做些事都不愿意。真没法子，因为我们人就是活在情绪中的生物。

无论我们的身体多么活力四射，一旦心情郁结，我们就不想动弹。不，等等……在这样的时刻，我们的身体真的有活力吗？如果有活力，我们应该想活动身体才对啊。我们不想动弹，或许是因为我们以为自己充满活力，但实际上却没有。

有个词语叫“积郁成疾”。通俗地说，就是人的身体之所以会生病，其根源在于情绪。的确，我们一有忧心事可能就会肚子痛，或是哪里不舒服，这说明我们的心和身体是一体的。这是当然，因为我们的心就是在这具身体里的。尽管我说不清这个“心”具体指身体里的哪个部位，但我至少能确定，它在身体里面。

那么，反过来想，如果我们的心情郁结，说不定可以从身体上改善。如果我们的身体变得有活力了，我们的情绪也会随之变好。那我们应该就能提起干劲来了。

你是不是也听过“泡个澡就舒服了”“睡一觉就好了”这样的说法？正是如此啊！给身体一些正向的刺激，我们就能提起劲来。所以我们可以尝试用多种方法来激活我们的身体，这个主意怎么样？我认为，你之所以提不起劲来，是因为身体正在对你发出求救信号呢。

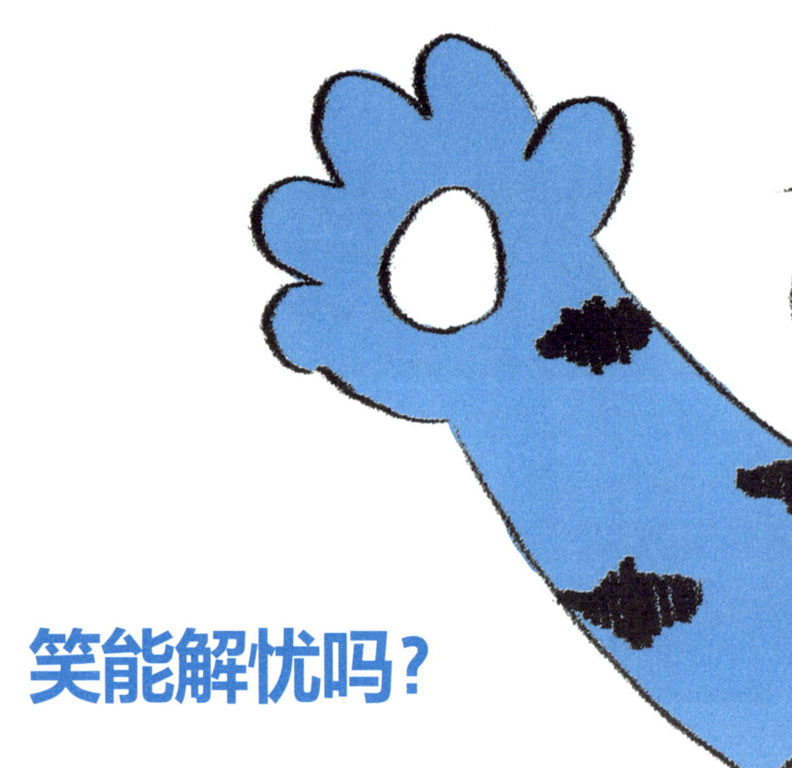

笑能解忧吗?

我们在什么样的时候会笑?高兴时吗?也就是说,我们在心情好的时候就会笑。那是不是说,只要我们笑一笑,心情就能变好?要不你试着笑笑看?怎么样,是不是觉得莫名地开心起来了?

哈哈哈……
哈哈哈……

试着这样来思考

因为我们笑了，所以心情变好了

开朗的人总是笑呵呵的，我真羡慕他们呀，他们一定很幸福，身边总被好事包围着。真不公平，为什么我净遇到烦心事呢？所以我总是耷拉着脸。别人总说我神情忧郁，看起来像是在生闷气，我也没办法呀，谁让我身上连一件好事都没发生呢？这不是我的错。

然而，不论是多么开朗的人，应该也不会每天遇到的都是好事吧？遇到烦心事时，他们是怎样应对的呢？如果遇到烦心事，他们还能保持笑容吗？

如果他们仍然保持笑容，那可太了不起了。其实，我曾向这样的人询问过“为什么你总是那么开朗呢”这个问题。他说自己并不是只有在高兴时才笑。他是这样回答的：“即使遇到烦心事，我也会微笑面对。”

听完他的回答，我有点惭愧，因为我做不到明明遇到烦心事了，却依旧保持微笑。他说，那不是高兴时那种发自内心的大笑，只要保持笑容就可以，因为据他说，他在保持笑容时，会不由得忘记那些烦心事。

或许，人们不是因为开朗才笑，而是因为笑才变得开朗。是啊，笑的时候我们没办法生气，笑的时候我们也没法绷着脸。

你也试试看，怎么样？你可能会觉得自己的这些行为很滑稽，但没准这样你也能在遇到烦心事时让自己的心情变好哦。

哲学家能拯救我的心灵吗？

神啊，拜托了！

有些人在陷入困境时会向神祈祷。为什么不向哲学家祈祷呢？明明哲学家才能帮我们找到烦恼的根源呀。

试着这样来思考

哲学家能帮我们找到烦恼的根源

当我们内心感到痛苦时，应该向谁求助呢？求神拜佛吗？嗯，有宗教信仰的人的确是这么做的。向亲朋好友求助吗？这种时候身边有可以依赖的人，真好啊。还能向谁求助呢？什么？想不出来了？我说，你眼前不就有一位哲学家吗？

哲学家靠不住？你在说什么呀，这完全是误解。只不过是因为你很少和哲学家打交道，所以不了解他们罢了。哲学家自古以来都是人们倾诉的对象，虽然到了现代，好像哲学家除了思辨以外什么都不做，但实际情况并不是这样的。

我也是哲学家，我在各地倾听人们的人生苦恼并给出建议。哲学能向人们揭示事物的真面目，那么，哲学自然也能揭示烦恼的真面目。所以，更准确地说，哲学家是帮助遇到烦心事的人用自己的力量去揭开烦恼的真面目。

你问我哲学家为什么不直接拯救有烦恼的人？直接告知别人答案不是更快吗？其实有时候，直接告知答案是无法拯救别人的。因为我们有可能并不能完全接受他人对我们的忠告，尤其是在我们感到心烦意乱的时候。

所以，我们必须自己去揭开烦恼的真面目，而哲学会助你一臂之力。因此，我们可以这样说：哲学能够拯救人的心灵。哲学家倾听人们的苦恼，然后询问他们“为什么会变成这样”“你想怎么应对”之类的问题，引导人们思考烦恼的根源。所以，你可别再说“哲学家靠不住”之类的话啦！

哲学家就不会感到沮丧吗？

那个人好厉害哦。

哲学家常被人说成是特别厉害的人。因为哲学家总给人一种无所不知、无所不晓的感觉，所以人们会认为他们没有沮丧的时候。其实并不是这样，哲学家再厉害也做不到这一点，因为他们也是人。不过，哲学家在沮丧时会弄清楚烦恼的根源，并试着解决它，因此他们很快就能平复自己的情绪。

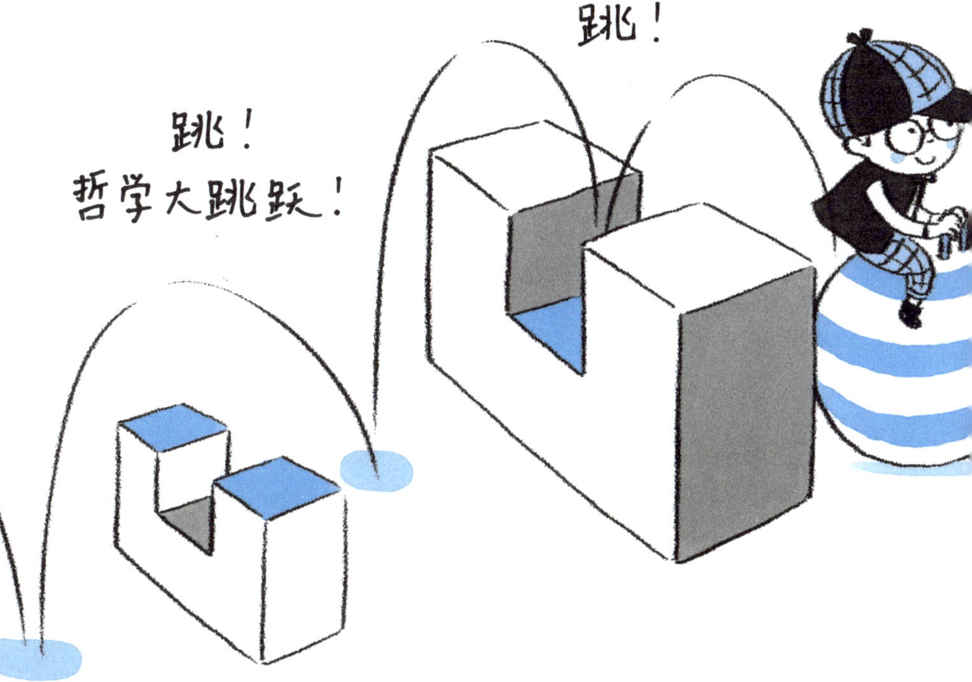

试着这样来思考

虽然哲学家也会沮丧，但他们能很快振作起来

现在，你对哲学家的印象是不是有些改变了呢？你以前是不是认为哲学家都是性格古板的老学究呀？不过，现在你应该渐渐明白了，哲学家也是普通人，高兴时会兴奋雀跃，难过时会垂头丧气。

是的，哲学家也是人，他们有时候也会感到沮丧。不过，因为哲学能揭示事物的真面目，所以，哲学家即使遇到难过的事，也能很快振作起来。他可能会沮丧一会儿，然后立刻提醒自己“等一下，我得调整一下情绪”，所以他们几乎只用片刻工夫就可以振作起来。

这种时候，哲学家认为最重要的是迅速采取对策，而不是陷入沮丧中，久久无法自拔。

这里用到的正是哲学的方法，也就是去揭示事物的真面目。哲学家会仔细地分析自己感到沮丧的原因，不仅会分析客观的原因，还会分析自身的主观原因。哲学家会对所有原因进行全面分析。

我们也可以学习哲学家的这种做法。例如，假设有人

说你的言论伤害了他，那么你可以立即进行分析：自己哪句话说得不妥，对方有什么感受，自己说的内容是否客观，等等。这样做你就能找到问题背后的原因，然后反省自己，如果是自身问题，那就向对方道歉，消除误会。因为再怎么沮丧，也解决不了任何问题，所以我说，虽然哲学家也会感到沮丧，但他们会立刻振作起来，就像又充满了气的气球一样。

像哲学家一样思考

伊曼努尔·康德的故事

德国近代西方哲学史上划时代的哲学家伊曼努尔·康德曾被这样评价:“以往的哲学都流向他这里，所有后来的哲学都从他这里流出。”这么说是因为康德汇总了自古希腊以来的各种哲学理论，而后来的哲学理论也绕不开康德的思想。

伊曼努尔·康德

1724 年—1804 年

活动地区：德国

实际上，康德就是这样一个伟大的人。他率先对人类理解事物的方法发表了惊人的言论。平常，如果在你眼前有一个杯子，正因为那里有杯子的存在，所以我们脑子里会想：“啊，那里有个手掌大小的透明容器啊。”

然而，康德说的恰恰相反。他会说：“我眼前只有一个手掌大小的透明容器，因此我称它为杯子。”也就是说，我们说那是杯子，并不是因为那里有一个杯子，而是因为我们只能看见杯子。或许那个杯子上还长着羽毛，只不过我们看不见而已？！

康德有许多关于道德的名言。他曾说过：“我们必须无条件地去做正确的事。”他还说：“一个人说出来的话必须是真的，但是他没有必要把他知道的都说出来。”

康德在时间管理上也很严格，每天都在固定的时间段去散步，他似乎还因此出了名，据说一些人曾以康德散步的时间为准来校正钟表。某天，康德读了一本有趣的书，看得入了迷，错过了散步的时间。于是，他所在的这座城市的钟表走时全都不准了。这个传说真是令人惊叹啊。

湛庐CHEERS

与最聪明的人共同进化

HERE COMES EVERYBODY

小学生就要懂的哲学②

比那些不懂装懂的“万事通”有智慧

子どもテツガク

[日]小川仁志 著

梁玥 译

浙江教育出版社·杭州

与你一同在哲学世界中遨游的小伙伴

让我来向你介绍一些在本书中登场的小伙伴
（不是全部哦）

柚子妹
（水豚）

小爱
（狐猴）

山田小弟
（松鼠）

小鳄
（鳄鱼）

我不喜欢写作业，有什么办法让我改变吗？不过我很喜欢洗东西。

闹闹
（小浣熊）

鹳鹳
（鲸头鹳）

兔兔
（兔子）

虎儿
（老虎）

小哲

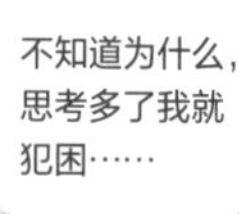

白雪
（北极熊）

羊羊妹
（羊驼）

目录

2 比那些不懂装懂的“万事通”有智慧

比那些不懂装懂的“万事通”有智慧

什么是幸福？

只要有它
我就很幸福！

幸福是人的感觉，所以有“幸福感”这个词。但幸福感是因人而异的，这是很多问题产生的原因。不过，无论是谁，都有能使自己感觉幸福的事物，这一点人人都一样。只不过每个人想要的事物不同罢了。

幸福就是如愿以偿

我正吃着美味的拉面，感觉好幸福呀！你会有同样的感觉吗？什么？你说你一点儿都不喜欢拉面，所以不理解我的感受？我说你呀，怎么会不理解呢？大家的幸福感不一样？唉，我要怎么解释我的幸福感才能让你明白呢？

每当这时我总会不知所措，因为我幸福的感受无法顺利地传递给你。虽然我知道，说到“幸福”二字，你应该明白那是种什么样的感受。

其实，并不是说我只要吃到美味的拉面就能感到幸福。我们之所以感到幸福，是因为我们处于自己认为舒适的状态。

对有些人来说，幸福或许就是吃到拉面的时候；而对有些人来说，幸福或许就是在测验中取得好成绩的时候。不过我想，当我们处于自己感到舒适的状态中时，我们的感觉应该是相同的。

假设我们的心灵是一个口袋，当这个口袋被开心的事填满时，我们应该都会有同样的感受吧。所以，所谓“幸福”，其实就是我们心灵的口袋被开心的事填满时的状态。

也许我用考试分数来打比方，你更容易理解。考一百分时，无论是谁都会感到舒适和满足吧。什么？不对？喂，你为什么这么爱抬杠呀！

不过嘛，我多少也能明白些你的感觉——虽然没有做错事的罪恶感，却仍然觉得自己还可以做得更好。人要想感到舒适，必不可少的一个条件就是得到自己的认可。

心灵的口袋也不是随随便便就可以填满的，或许我们真正追求的，是实现“如果能这样就好了”的愿望。

为什么郊游的前一晚，我会兴奋得睡不着？

明天早上我能准时起床吗？

兴奋

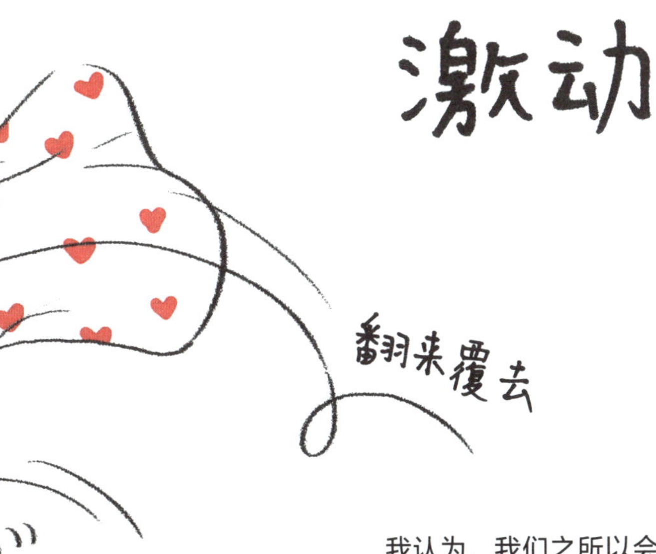

我认为，我们之所以会感到兴奋，是因为将要发生某些特别的事。究竟是什么事如此特别呢？是走出学校，大家一起游玩，一起吃零食和午餐吗？对学生来说，去学校外面玩就是件很特别的事吧。

在郊游的这天，我们暂时变回了野生动物

在学校组织的活动中，郊游是最不同寻常的一项。首先，我们不用上课了。平时，我们必须老老实实坐在椅子上，认真听老师讲课。但在郊游的这天，我们不用端坐着，可以随意走动。尽管在体育课上或是开运动会时，我们也能活动身体，但郊游是在校外进行的，我们会觉得很特别。更何况郊游时大家还可以一边吃零食，一边玩耍。平时我们并不觉得，走路也能这么快乐。

目的地是哪里都无所谓，我们只要听说是去远离学校的地方，能离开现代化的城市，钻进原始的森林里，爬到山上去，置身于大自然中，就觉得开心。

而且，去郊游的感觉和去动物园的感觉可不一样。动物园的铁笼里被关着的动物，应该也想去郊游吧……当然啦，它们本就应该生活在大自然里。

啊，这么一想，人类不会也和动物一样吧？所以我们去郊外时，才会变得这么有精神。同样的午餐带到野外吃，感觉也比平时好吃多了。当我们在草地上来回奔跑时，心情是多么愉悦啊！

有时我们会和家人在周末一起去野餐，但野餐的感觉也和郊游不一样。平日里，我们都生活在城市中，只有郊游那天我们才能体会到生活在野外的感觉。这样的机会一整年都没几次。我想，这正是郊游的特别之处。

在郊游这天，我们会暂时变回野生动物。我认为，郊游前一晚，我们大脑中的古老记忆一定是被唤醒了，于是我们回忆起了人类原本也是生活在大自然里的动物这件事。因此我们才会兴奋不已，难以入眠。此时的我们，简直想发出野性的呐喊！

什么是快乐？

你有什么快乐的事吗？

在我们的生活中，快乐的事不止一件。而且，面对同一件事，有时我们觉得快乐，有时我们却感到痛苦。这么说，我们一定有办法让每件事都变得快乐起来。是的，如果掌握了窍门，你就能感到所有的事都变得快乐了哦。

试着这样来思考

所谓快乐，就是我们偶尔实现愿望时的感觉

你一定想快乐地度过每一天吧？既然你有这样的想法，那是不是就说明，在我们的生活里也有不快乐的日子呢？快乐的日子与不快乐的日子有什么不同呢？

举例来说：和朋友一起玩耍的日子很快乐；雨天不能出门，只能待在家里学习，这样就不太快乐了。但这并不能说明，玩耍就是快乐的，学习就是不快乐的。

为什么这样说呢？是因为我们有时在学习中一步步地解开难题，也会感到快乐。当然，要是解题毫无进展，我们也会闷闷不乐。玩耍也一样，即使是和朋友一起玩游戏，但如果你玩得不好，也会感到不快乐。你可能会想，今天我运气不太好呀。

也就是说，是不是快乐是由你的愿望有没有实现来决定的。嗯，没错，我是这样想的。我们脑中先有一个愿望，自己想这样做，如果实现了就会感到快乐。然而，并不是所有事情都能如我们所愿，因此我们才会有感觉不快乐的时候，这种时候甚至更多。

当事情偶尔如我们所愿时，我们就会感到快乐。这么说来，不如愿这件事也很重要，因为它能衬托出我们如愿时感受的差异性。这样才能让你觉得，哦，今天我还挺快乐的。是不是好多次不如愿后有一次如愿，我们就满足了呢？两次不如愿后就有一次如愿，这样想会不会太贪心了？不过，我们即便今天没能如愿，明天还有机会，这样一想就会快乐许多。

为什么有的食物看起来就很好吃？

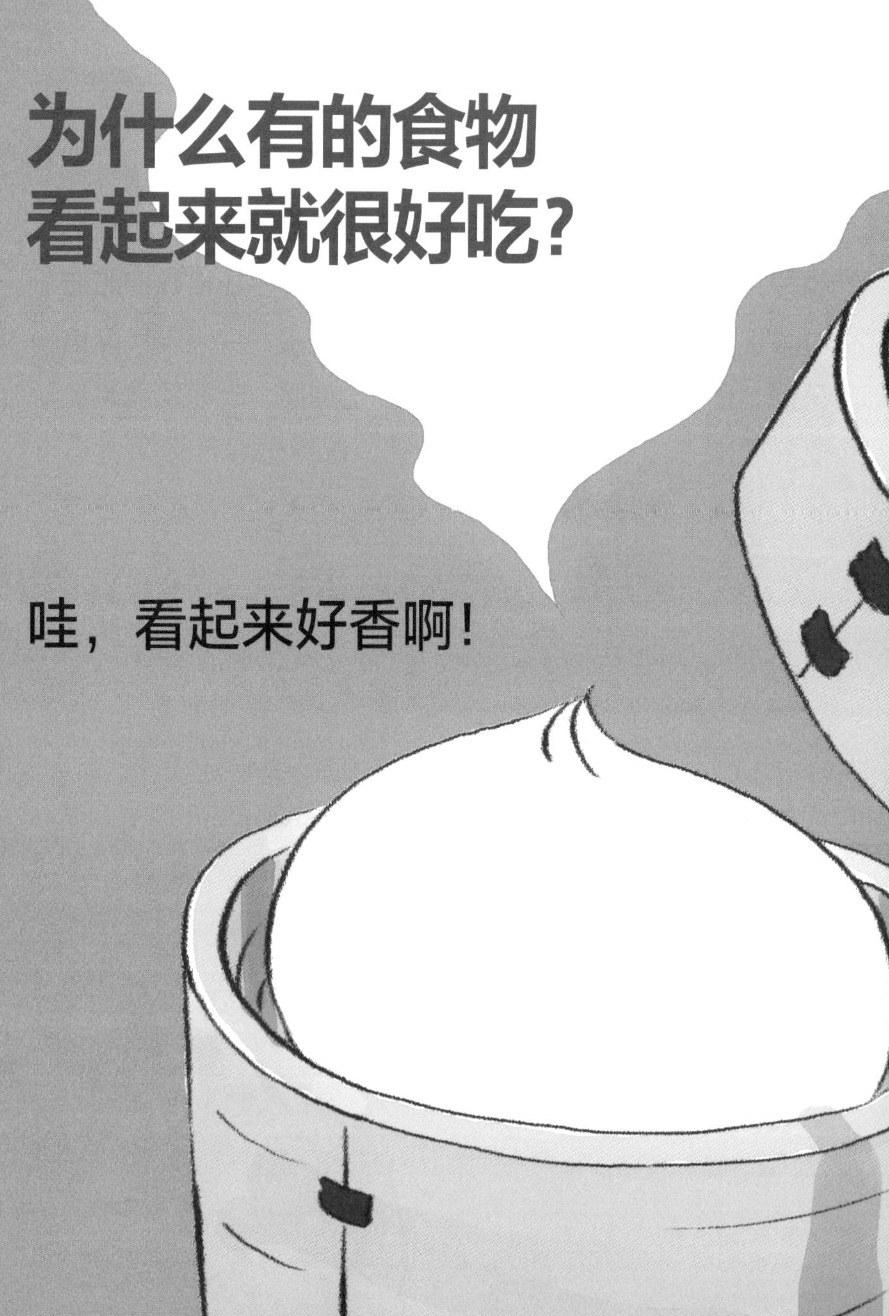

我们觉得一种食物看起来很好吃，一定是因为我们吃过类似的食物，那是我们喜欢的味道。你觉得好吃的食物是不是你经常吃的?

尝到熟悉的味道，我们会觉得恰到好处

我们为什么会觉得某种食物看起来很好吃呢？或许是因为我们曾经吃过类似的食物。吃它时感受到的美妙滋味，令现在的我们产生联想，觉得眼前的食物看起来很诱人，馋得口水都要流下来了。可当你真正品尝它时，没准就会发现它并不可口。

所以说，一种食物是否好吃，必须放入口中尝一尝才能确认，舌头才是最好的检验者。我们在烹饪时尝味道就是这个原因。

当你轻咬一口妈妈做的奶油点心时，有什么感觉？你一定会感到："啊，好美味！"奶油的确很甜，那么，甜就等于好吃吗？并不是这样的。我也很喜欢辛辣的食物，觉得那也很好吃。美味有固定标准吗？我觉得甜食大部分都挺好吃的，但太甜的我就不喜欢了，会觉得很腻。太辣那就更不必说了，会让我喘不过气来。

因此，我认为美味是恰到好处的甜度和辣度。不过，也有些国家的人认为超级辣的料理很好吃，也就是说，恰到好处的标准根据地域不同而有所不同，或者说根据个人喜好而有所不同。

对于我们每个人来说，恰到好处的味道就意味着好吃。对我来说，妈妈做的菜的味道就是恰到好处。大家都是这样吧？尝到熟悉的味道会觉得恰到好处。

为什么晴天时我会心情愉悦？

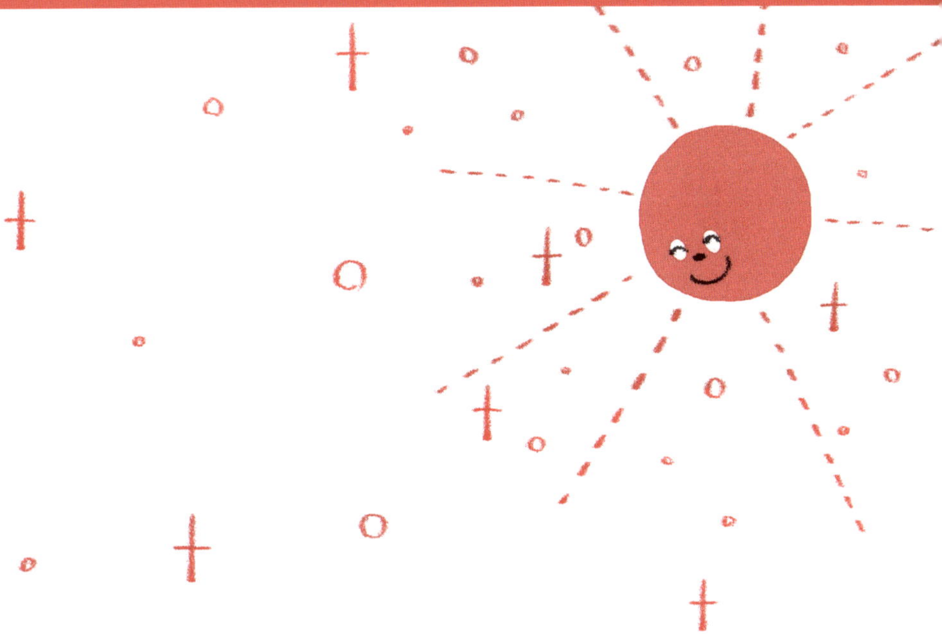

哇……灿烂的阳光，心情真好呀。

天晴时，我们会想去户外走走，想沐浴在阳光下。晒太阳能使人心情舒畅，可能是因为我们从阳光中获得了某些东西，可能那就是看不见的能量吧。

我们都是太阳的孩子

天气好的时候，我们拉开窗帘，阳光就会洒满屋子，尽管这只是一件再平常不过的事，我们的脸上也会不由得绽放出笑容。我们在心里暗暗地想，找个时间我要让全身都沐浴在阳光下。我们想去户外，一定是因为我们想晒太阳了。

在日语中，“沐浴阳光”这个词也有“好运降临”的含义。人们认为晒太阳是件好事，因为晒太阳会让人心情变好。就我个人而言，我好像只在光照强烈的夏天体会过太阳直接晒在身上的感觉……

不过，不知道为什么，晒太阳的确让人心情舒畅。你在科学课上学过吧？植物需要阳光来进行光合作用。人类应该也一样，虽然我们不会进行光合作用，但在阳光下好像也在成长。这是错觉吗？

至少，和蝙蝠之类的夜行性动物不一样，人类不适合在夜晚活动，趁着明亮的白天活动才符合我们的身体构造。在明亮的光线下，我们能看见许多东西，从而知道世界在闪闪发光。正是这个闪闪发光的世界给予了我们能量。

这样一想，原来我们都是太阳的孩子呀。这么说也对，毕竟是因为太阳，地球才具备了生命产生的环境，而人类就是在这样的环境中被孕育出来的。当我们看到太阳时，是不是有种看到了妈妈的感觉？太阳永远守护着我们。

为什么雨天时我会感觉无聊？

今天不能出去玩啦……

雨天最让你不开心的一件事，就是不能去外面玩吧？因为出去会被雨淋湿。不过，如果你觉得被淋湿了也无所谓，那就可以出去玩了吧？我小时候，即使下雨也会觉得很快乐。

你好！

游戏

回忆小时候的感觉，和雨做朋友

雨天我们总会感到无精打采。天空阴沉沉的，也不能出去玩了。你是不是恨不得大喊："雨，你真是个讨厌鬼！"但这并不是雨的错呀，虽然人无法选择天气，但雨也不是故意要和你作对才下个不停的。你会不会想："我讨厌下雨，难道是我不对吗？"

其实，只要你能把下雨也当作一件快乐的事，就能解决这个问题。你可能会想："啊……但是下雨天不能在外面玩，我讨厌这一点呀。"但你再想想，其实下雨也能出去玩，只不过会被淋湿而已。

我们不喜欢湿乎乎的感觉，可如果在泳池里游泳，我们却觉得那是件快乐的事，浑身湿透了也快乐。所以重点是我们怎么想。的确如此，两个小朋友用水枪互相喷水，也是很快乐的事。

所以只要我们和雨做朋友就可以了。

有首歌是这样唱的："雨呀雨呀，下吧下吧，妈妈带伞来接我，我好开心呀。淅淅沥沥哗啦哗啦，啦啦啦……”小时候，我们都喜欢踩水坑，引得水花四溅，觉得很快乐。

或许是因为我们长大了，才觉得雨天很无聊吧。我们不再和雨嬉戏，可能会说：“我很忙，不能再和小雨滴一起玩啦。”这样说来，下次再下雨，我们要和小雨滴重归于好。

本来嘛，如果你身处一个多雨的地方，一到雨天你就无精打采的，那多可惜啊。

雨呀雨呀，下吧下吧！

为什么我会想去山里、想去海边？

你是高山迷，还是大海迷？

山有山的挺拔秀美，海有海的波澜壮阔。不论是高山还是大海，都能让我们回归大自然。

因为高山就在那里，因为大海就在那里

山与海截然不同，但这两个字却总是被人们“打包”使用。山上林木葱郁，海里波涛汹涌；山在地势高的地方，海在地势低的地方。无论是山还是海，都能让我们回归大自然。

我们在城市中生活，高楼林立，车水马龙。到山中去，观大海去，可以获得在日常生活中无法获得的体验。这就是高山和大海的妙处，它们似乎能将我们从沉闷的生活中解放出来。

现代人类通常生活在平地上，我想这是因为在平地上我们盖房子更容易，迁移起来也很方便。这是人们为了生活的便利性而做出的选择。

我们想让电车在海上或水中奔驰，是很困难的事；想在山里开车也很费神，除非是已经修好的平整的道路，可修路这件事本身就很困难。因此人们才聚集在地势平坦的地方生活。

说到这里，我曾听到过一种说法，认为生命起源于大海。我想，远古时期的人类一开始也是居住在山上的吧，因为那时的平地上好像没有充足的食物。虽然现在遍地都是超市，但过去的人们如果想吃东西，不是上山抓野猪，就是上山摘野菜，在古代传说里好像经常出现这样的情节。

我们之所以想去山里、想去海边，不仅仅是因为我们想偶尔脱离一下平时的生活，或许还因为我们体内的基因使我们怀念远古时期的生活。回归大自然就像回到过去吧。我不知道人类的记忆能否遗传，但也许我们体内古老的 DNA 是有记忆的，因此我们才会时常迫切地渴望去山里、去海边。因为高山就在那里，因为大海就在那里。

为什么风儿使我心情舒畅？

啊，和煦的风。
春天来啦！

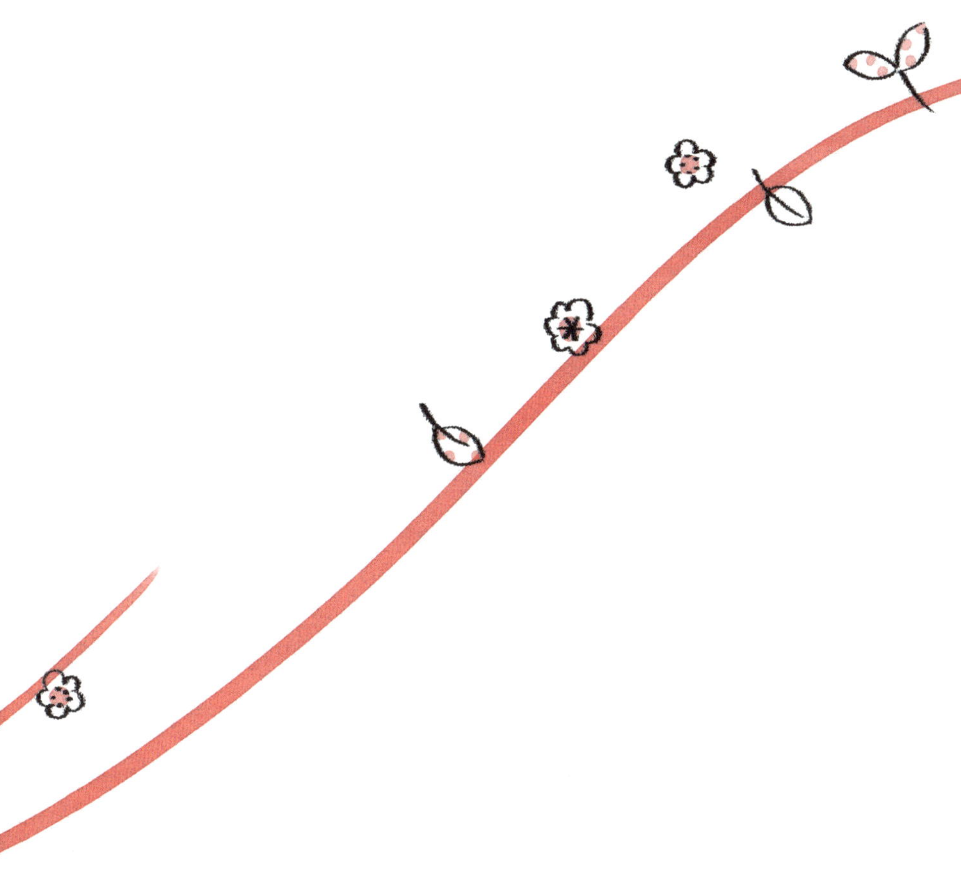

通过风，我们能感受四季。虽然我们平时不太在意，但风向或风速一变，我们就会立刻发觉。风将季节变化的信息传递给了我们，它在说：“注意……季节已经开始变化啦！”

风让我们感受到世界的变化

为什么会刮风呢？我们学习自然科学知识时是这样讲的：在空气温度发生变化时，空气会膨胀或收缩，它的流动就形成了风。你可能会想：什么？刮风只不过是空气在流动？这听起来有点无趣啊。

我认为刮风这件事比人们想得更有意义，因为它会让我们的心情变得舒畅。

再没有什么事是比运动完吹吹风，或爬到山顶后迎着风更享受的了。我喜欢春天的风，温暖和煦，带着阵阵花香。能把伞吹跑的那种狂风也很有意思。但台风就令我感到恐惧了。风有各种各样的表情。

也有一丝风都没有的时刻。我在意识到这一点的瞬间，觉得有些寂寞。“啊，风停了”，明明一直在刮的风消失了，感觉怪怪的。不刮风时，空气仿佛都凝固了，我感觉整个世界都停摆了。

接着，风又开始刮了，我这才松了口气。风能使我们感受到世界的变化，它仿佛在对我们说：“你们是在不停运转的哟。”或许就是因为它能使我们感受到这一点，我们才觉得吹风时的心情那么舒畅。世界在好好地运转着，我们在好好地活着。

人们会说“风闻”这个词，就像风能告诉我们很多事情，我们一直在等待它传来的消息。温暖的春风告诉我们什么，狂暴的台风告诉我们什么，刺骨的冬风又告诉我们什么？

我们同风共存于世上，我们喜欢风。我想，人们编写了许多关于风的故事，使用很多带有“风”字的词语，是因为我们离不开风，总想和它在一起。

为什么比起学习，我更喜欢玩耍？

快

点儿

别对我说
“快点儿去学习”啦。

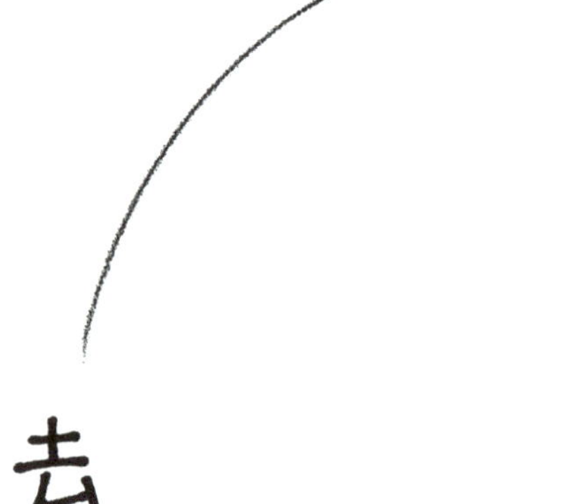

当别人对我说“快点儿去学习”时，我就更不想学习了。要是没人对我说“快点儿去学习”，我反倒会主动去学习的。这是真的哦，因为我有好多想学习的知识呢。

其实学习的本质就是玩

你一定有过这样的时刻吧，不想学习，一心只想着去玩。或者说，其实你每天都这样想？为什么比起学习，大家都更喜欢玩呢？是因为学习的内容太难了吗？是因为学习本身太没意思了吗？

可不是嘛，背单词、做计算题什么的真的好麻烦。在这一点上，玩就不一样，玩游戏可快乐了。嗯？你说玩游戏不需要动脑筋？没那么简单哦。不把游戏的步骤记熟，不掌握规则，可玩不好游戏。

什么？你问我玩游戏用不用练习？这还用问吗？必须练啊。你千万别小看游戏的世界，它不比学习什么的容易。

咦？说着游戏，怎么又说到学习了呢？

其实学习和玩的本质是一样的，区别在于我们是不是被逼着去做某件事。对，一定是这样。就算是玩，你不想玩的时候别人逼着你玩，你肯定也不乐意。你会抱怨现在正累呢，根本不想玩。

我觉得，每个孩子最初都是喜欢学习的。比如上幼儿园的时候，还有刚升入小学一年级的时候，那时你的心情是期待和兴奋的。学习也好，玩也好，对你来说并没有太大区别。

只要你在学习方面也能变得主动些，逐渐学会自发地学习，你就会发现学习和玩其实是一样的。就像我现在，也还想学习好多好多新知识呢。

为什么我总想要有人陪伴？

我们在一起，我觉得好快乐。

有些事我们不愿意自己一个人去做，但要是有人陪着就会觉得还不错。这是为什么？是不是因为有人陪着，我们就觉得安心了呢？

有人陪伴时，你会感到自己并不孤独

“啊，我好想出去玩呀。你明天有时间吗？”我们想做什么事时，总忍不住像这样要找个人陪。明明自己一个人也能玩，为什么一定要找人一起呢？这是因为，尽管有些事我们一个人也能做，但和大家一起做更快乐。

是的，虽然大部分的事情我们都能独立完成，但有些事情我们还是想找个人来陪自己完成。比如一起吃饭啦，一起玩啦，还有一起学习啦。我能理解大家一起玩会比较快乐，但一起吃饭是为了什么呢？

吃烧烤时，大家一起动手，一起分享是很快乐的，但吃饭时并不需要分享啊。难道是因为边吃饭边聊天很快乐吗？

是的，比起一个人默默地吃饭，和别人一边聊天一边吃饭会更有食欲、更快乐吧。

那么学习呢？除了小组讨论这种情况，我们在学习时应该不能聊天，不能嘻嘻哈哈的吧？那为什么我们还要一起学习呢？是因为可以互相请教不会的题吗？

事实并非如此。学习是很辛苦的事，但我们只要一想到有人与自己一起学习，就觉得很开心。在社团活动中进行个人项目的训练也是这样，我们看到别人也在练习时，就会觉得很有动力。那时的我们一定有这样的感觉，觉得自己并不孤独。

人与人之间本没有关联，每个人都是独立的个体。不过我想，总是自己一个人的话，可能会内心不安，在这种时候，有人陪伴会令我们感到自己并不孤独。或许我们都喜欢这样的感觉吧。

为什么有时我觉得自己一个人待着更舒心？

尽管我不想被别人看作一个不合群的孩子，但有时我还是喜欢独处。

如果我总一个人待着，别人就会觉得我不合群，我不喜欢这样。不过，有时我想自己待着思考些问题。每个人都需要这样的时间，因为我们都是独立的个体。

有时我们想独处，聆听自己内心的声音

你是不是偶尔也想自己一个人待着？虽然和大家在一起很愉快，但有时你会突然冒出这样的念头。可能是因为你累了吧。大家一起玩是很快乐，但不可能一直这样玩下去。

人就是这样，一直不停地做同一件事，可能最后就坚持不下去了。这就好比我们既有清醒的时候，也有酣睡的时候；既有侃侃而谈的时候，也有沉默不语的时候。所以我们既需要有和大家共处的机会，也需要有自己独处的时间。

在怎样的时刻我们想一个人待着呢？如果是我，是在我想随心自在地做一些事的时候。这是因为和大家共处时，我总要顾及别人的情绪，这样的话，考虑自己的时间就变少了。

我们有时需要这样独处的时间：放松的，安静的，与自己对话，自娱自乐。每个人都需要聆听自己的心声，这是必要的。我们总在倾听别人的声音，但其实我们更想知道自己在想什么、自己想做什么。

或许我们身为一个一个独立的个体，就是为了像这样去面对真实的自我。我们生而孤独，但在认清真实的自我后，我们又会产生融入集体的念头并付诸行动。有时自己独处，有时同别人共处，我们这样活着才自在。

学哲学会让我更有人缘吗?

我想变得更受欢迎。

怎样做才能令你变得更受欢迎呢？这可得好好想想。哲学是一种使人思考的工具，学好哲学，你能变得更有魅力。

试着这样来思考

进行哲理性的思考，能使你变得更有人缘

什么样的人有人缘呢？

是长相好的人吗？可我们无法轻易地改变自己容貌呀，倒是可以试着培养一下对时尚的敏感度。是擅长运动的人吗？可大部分人的运动能力都差不多，我们不太可能突然就技艺超群。还是有亲和力的人？好像确实是这样的。那么聪明的人呢？

你可能会问，这些和哲学有关系吗？说到聪明，似乎和哲学有些关系。但大家一般都认为，能学好语文、数学、科学等学科的孩子就是聪明的孩子，不懂哲学好像也没关系……其他几个有人缘的要素似乎就和哲学毫不相干了。

前面我提到过，要学好语文、数学等主要学科就必须得善于思考，哲学也是一样的。不论是哪一科，不思考就考不出好成绩，不动脑地死记硬背可行不通。

在这一点上，哲学的作用很大，因为哲学就是让人努力思考的工具啊。你要是掌握了哲学的思考方式，成绩一

定会有进步。

我想，时尚、运动也是一样的。我们在做一件事之前有没有经过一番深思熟虑，会对这件事的结果产生巨大的影响。如果你在搭配衣服时花一些心思，在运动时仔细琢磨一下动作技巧，应该也能取得比较满意的成果。

亲和力也是这样。如果你能经常思考自己采取什么样的方式沟通会使别人感到愉快，你就能成为一个有亲和力的人，学会为人处世的正确方式。

而学习哲学恰好能让你具备这种深度思考的能力。所以没错，好好学哲学会使你更有人缘哦。

学哲学能让我变成大富翁吗？

正如我前面说的，哲学是一种让你能好好进行思考的工具。接触哲学后，你会发现整个世界看起来都不一样了。或许哲学真的是一根能让你成为大富翁的魔法棒呢。

哲学不是用来学习的吗？

试着这样来思考

通过哲学来质疑理所当然的事，或许你就能成为大富翁

什么？学哲学还能赚钱？你一定认为这种说法是天方夜谭吧。是呀，学哲学不就是读读艰深晦涩的书、琢磨琢磨难懂的词语意思嘛，这些事怎么可能赚到钱呢……听我说，学哲学是可以赚钱的哟！

之前我们也讲到过，学习哲学并不是读读艰深晦涩的书、琢磨琢磨难懂的词语意思，而是质疑那些我们认为理所当然的事。哲学帮我们重新从多角度出发，用全新的语言来表达世界观。

这样一来，你会发现玻璃杯也好、口罩也好，眼前的一切都被赋予了不同的意义。你一直认为玻璃杯就是用来喝水的，口罩就是用来预防呼吸道传染病的吧？如果我们赋予它们不同的意义会怎样呢？让我们一起来试试看吧。比如，我们可以这样想：假设玻璃杯其实是把世界分成了一小块一小块的东西，而口罩则是交流的工具？

如果我们以此为基础创造出新产品或新服务，那就能赚钱了，不是吗？在现实生活中，有不少掌握了哲学的思

考方式的人已取得了事业上的成功。

如果大家在读过这本书后能掌握一点儿哲学的思考方式，我们也会拥有一个充满希望的未来。

为什么人一开心就会手舞足蹈呢？

太棒啦!

人们在高兴的时候，会情不自禁地摆动身体，对吧？为了享受这种开心的时刻，人们把身体摆动出了节奏感。这样一来，随着这种身体的动感节奏，人们就会手舞足蹈起来。

试着这样来思考

我们将兴奋转化为节奏感，所以就会舞动起来

我们遇到开心的事时，总想通过身体语言来表达。在呐喊“太棒啦”的时候，我们会伸展双臂，摆出“胜利”的手势来。在比赛中获得好成绩或是在测验中拿到一百分时，你是不是也做过这样的动作呢？

不过，我们为什么总会通过身体语言来表示开心呢？这可能是因为，当人们沉浸在开心的情绪中时，通常会感到兴奋。一兴奋，我们就会颤抖，所以才会不由自主地摆动身体吧。

如果这种颤抖再剧烈一些，我们还会蹦蹦跳跳、手舞足蹈呢。动作幅度越大，就表示我们越开心。为什么我们会这样呢？

这可能和节奏感有关。的确，我们在摆动身体时似乎是带着某种节奏的。不过我认为那不是音乐的节奏，而是我们将兴奋的颤抖内化为音乐的节奏了，而且是欢快的音乐。因为这样做似乎能使我们的快乐加倍。

说起来，一些不好的原因也会导致我们身体的颤抖。

比方说怕得发抖，或者说冷得发抖，这样的颤抖还是不要发生为妙。我们想更多地感受开心、兴奋时的颤抖，于是我们的身体就把颤抖变成了欢快的节奏。那么，就让我们跟随着这种节奏舞动身体吧！

为什么大家都想拍短视频当“网红”？

我告诉你，这个短视频特别有意思……

如果能向大家展示自己的长处，分享自己做的厉害的事、自己觉得有趣的事，就会感到很开心，很有成就感。

松鼠 # 树叶飞机
“松鼠哥哥频道”第一期
1500 次播放
1489 次点赞　15 次转发

我们在生活中需要感受到别人与我们共情

现如今，有不少人靠拍短视频成了“网红”。在过去，人们可能终生都在同一个地方工作，每天都做着上级指派的任务，仿佛这是件约定俗成的事。

而拍短视频的“网红”博主的工作与过去的截然不同。他们将自己喜欢并擅长做的事拍摄成短视频传到互联网上，供大家观看。如果有品牌在他们的视频中投放广告，他们就能赚钱。这种感觉就像是这些短视频博主都拥有自己的电视频道一样。

如果是我自己喜欢做的事，即使别人不强迫我，我也会主动去做。学习也是，喜欢的科目我们往往都学得比较好。如果能一直做自己喜欢的事并以此为职业，是件多么快乐的事啊。每个人应该都会这样想吧。

当然，有些人发布视频不是为了赚钱，而仅仅是为了表达自我、与人分享。这些博主只是单纯地享受拍摄视频这件事本身。不过，他们为什么想让别人看到他们拍的视频呢？

这是因为这些博主希望人们对这些视频产生共情。当我们将自己觉得厉害的事和有趣的事分享给别人，而别人给予“没错，的确如此”“好棒啊”等回应时，我们会感到特别开心。成为拍摄短视频的“网红”，就意味着你能经常感受到来自他人的共情，并因此拥有成就感。

像哲学家一样思考

苏格拉底的故事

苏格拉底是古希腊哲学家，也是一位名垂青史的哲学家。据说他原本是名石匠，后来还当过一阵子士兵，看样子应该是个体格健壮的人。

苏格拉底

公元前 469 年—公元前 399 年

活动地区：古希腊

传说苏格拉底有一天突然接到了神谕。神竟然告诉他:“你是城里最聪明的人。”于是苏格拉底便想确认一下这是不是真的。他的举动倒也无可厚非，谁冷不防听到这样的话，都不敢相信。

苏格拉底是用这样的方式来进行确认的：向城里的智者逐一提问。据说他提问之后，意外地发现并不是每个智者都通晓所有事物。因此，苏格拉底明白了，不断求知比不懂装懂更智慧，于是他成了一名哲学家。

不过，由于从未学习过哲学，苏格拉底成为哲学家后所做的事仍就是向人提问。他看起来是不是有点闲啊？据说苏格拉底的夫人曾用一盆水直接泼他，说:“别天天溜达了，干点正事！”

即便如此，苏格拉底也没动摇自己做智者的初心。他好像还说过这样的话:“如果你娶到一个好妻子，你就会幸福；如果你娶到一个泼妇，你就会成为哲学家。”真不愧是苏格拉底啊！